L_i $\overset{28}{13}$

LETTRE

A M. ÉTIENNE VIEUSSEUX.

ANGERS. IMP. DE COSNIER ET LACHÈSE.

LETTRE

A M. ÉTIENNE VIEUSSEUX,

SUR

LE BRABANT ET ANVERS AU TEMPS DE L'EMPIRE,

L'INSTITUT ET LE DIRECTOIRE,

NAPOLÉON, CHÉNIER, BÉNEZECH, LACÉPÈDE, LABORDE,

M. de Châteaubriand,

ET

SUR UNE INFINITÉ D'HOMMES ET DE CHOSES QU'ON NE DEVAIT PAS S'ATTENDRE A VOIR MIS DANS LE MÊME SAC.

Par F. GRILLE.

PARIS,

CHEZ TECHENER, PLACE DU LOUVRE, 12.

1847.

LETTRE

A M. ÉTIENNE VIEUSSEUX.

————

Je vous ai donc retrouvé, mon cher Etienne, après quarante années. O ciel! deux tiers de vie passés sans nouvelles l'un de l'autre, et tout à coup des levains de sympathie se ranimant et nos relations se renouant avec la vivacité de nos plus beaux jours! C'est une joie imprévue et qui m'est bien douce!

Ce fut à Anvers, en 1805, que pour la première fois je vous vis, que je lus au fond de votre âme, que je compris toutes les nobles qualités dont vous étiez doué et que je ressentis pour vous une affection que l'absence et un long silence n'ont pu éteindre.

Je vous quittai en 1806 pour aller en Hollande voir le couronnement du prince Louis. Je fis jouer un vaudeville à La Haye devant la Cour, la reine Hortense, la comtesse Mollien et de belles Juives qui tenaient plus mon attention éveillée que les princesses. Je revins ensuite à Paris où m'attendaient tant de diverses fortunes, et c'est quand je l'ai quitté, quand je suis en Anjou, retiré, confiné, embabouiné, que j'apprends, en 1847, qu'après avoir couru aussi les continents, les mers, les aventures, vous êtes à Londres, fixé, marié, aveugle!

Vous aveugle! vous qui aviez de si bons yeux, et que nos jolies femmes trouvaient si tendres! Vous souvient-il de ces femmes charmantes? Oh oui certainement! le cœur n'oublie rien; toutes les scènes de la jeunesse restent présentes à notre esprit. Rien d'amer ne s'y mêle, car les chagrins alors n'ont rien de profond. La peine de la veille est le jeu du lendemain. On se moque de tout, on profite de tout; on chasse tout ce qui attriste, on ne s'arrête qu'à ce qui amuse. O mobilité chère! O divine légèreté! philosophie naturelle

1

qu'on nomme inconstance, et qui est la vraie, la pure, la seule sagesse!

De nos ans écoulés que demeure-t-il? des amours! Ce sont là nos trésors, ce sont là nos soutiens; si nous ne les avions pas, que serions-nous? A quoi mène l'ambition? Que sert tant de richesses qu'on veut par tous les moyens, souvent sales et iniques, acquérir et amasser? Qu'est-ce qu'un vieux trafiquant, un vieil avare; qu'est-ce qu'un vieil avocat ou un vieux juge? Quel sillon sur la terre ont-ils tracé? Quels souvenirs que ceux d'écus, d'agiotage, de lucre, de procès, de plaidoieries vantardes, de potences! Que sont les emplois, que des embarras insupportables? Que sont les honneurs, que des vanités puériles? Vous en êtes bien plus gras, vous que le sort favorise, d'avoir des titres, des brochettes, des crachats! Ah! j'ai vu, en prenant de l'âge, ce que c'était que de vivre, de vivre réellement, agréablement, pleinement. J'ai secoué tous les préjugés, toutes les routines. J'ai fui la puissance, je n'ai point encensé le crédit, je me suis jeté dans les bras de l'amitié sainte; j'ai dit adieu à toutes ces sottes connaissances, ces quémandeuses, qui ne font que vous charger, vous fatiguer, vous compromettre; j'ai fait succéder aux études lourdes, ces lectures sans but, ces promenades sans dessein, ces entretiens sans raideur et sans suite, ces correspondances sans autre objet que le délassement, et ces rêveries qui font pour moi, du jour, quelque chose de calme à la fois et de magique, qui ressemble aux nuits d'été, transparentes et embaumées, qu'éclairent à demi une girandole d'étoiles.

Passez-moi ce jargon qui sent la liberté dont je goûte les saveurs. Je suis comme un cheval échappé qui ne connaît ni frein ni barrières. Laissez-moi galoper et bondir. Je n'ai ni rudiment ni syntaxe. Je fais ma langue à ma taille, et ne la prends pas toute faite du savoyard Vaugelas ou de Lancelot le janséniste. Ah! que je hais Port-Royal, que je hais sa chaîne! qu'il fut noir et farouche, que son austérité fut impérieuse! De quel droit voulait-il tout primer et dominer? Qu'on fit bien de raser jusqu'aux fondements ce nid épineux d'égoïstes solitaires! Ah! souffrez que j'erre au gré de mes caprices, ou plutôt de mon instinct natif et divin qui ne peut m'égarer. C'est vous, pédants, c'est vous qui m'égarez et me faites perdre l'esprit. Pourquoi plierais-je aux tyrannies de l'école? Que me fait le collège avec ses régents, ses pions applatisseurs? Que me font des facultés baroques qui m'enseignent ce dont je n'ai que faire, et me laissent bouché sur tout ce qui m'est utile? Allons-nous retomber sous le joug de la Sorbonne? Et la Révolution, cette prometteuse, n'aura-t-elle abouti qu'à nous rendre plus esclaves que jamais du niveau, de la lime et de la verlope universitaires, ou, ce qui est pis, de la discipline séminarienne?

Qu'il y a d'hommes là éminemment habiles, éminemment probes, éminemment épris du bon et du vrai, et qui, par une ligne courbe, une route ténébreuse qui leur est invariablement et invinciblement tracée, ne peuvent, pas plus que les ignorants et les fourbes, employer leur savoir et leur chaire qu'à des loquacités et absurdités mirobolantes! Assistez à ces classes et vous m'en direz des nouvelles! Quelles propositions extravagantes soutenues avec un flegme, un gourmé et un sang-froid imperturbables! Quelle déviation des voies que l'intelligence s'était ouvertes! J'ai donc été le témoin de la conquête et de la ruine! J'ai vu s'anéantir ce que j'avais vu naître! Il y a quarante ans tout florissait, et voilà que tout s'amaigrit et se dessèche! Cette santé si verte de l'esprit français n'est plus que de l'atonie, de la pâleur et du marasme! Nous rétrogradons, nous reculons, nous baissons, nous sommes en décadence; Andrieux l'a dit, Raynouard l'a dit, et je le répète, en face de révélations plus caractéristiques et plus frappantes. Voyez les journaux, voyez les feuilletons, voyez les discours d'académie et de tribune. Tous se ressemblent : des phrases à effet, des cliquetis de mots, de ronflantes périodes, et point de conclusion. Rien qui touche et persuade, rien qui raffermisse et rassure. On fait sonner la nationalité polonaise, la liberté de l'enseignement, la prospérité du commerce, et le commerce languit, l'instruction se monopolise, la Pologne est martyrisée. Vous pouvez, suivant vos intérêts, applaudir tel ou tel orateur, sûr que vous êtes que pour vous pas plus que pour lui, il n'y a nul risque, et qu'il ne sacrifierait pas un cheveu de sa tête ou de la vôtre pour le triomphe de votre opinion commune. Ce n'est qu'une démonstration, une pétarade. Au bas de toutes ces allocutions, de toutes ces oraisons, de toutes ces pancartes, que lit-on en majuscules? STATU QUO! PROHIBITION! OBSTACLE! Le baromètre est aux déceptions, l'aiguille aux jongleries. Il y en a au Palais-Bourbon, il y en a au Luxembourg, il y en a à Picpus ainsi qu'au Louvre. Il serait temps de s'arrêter dans cette voie périlleuse. On a si bien voulu appaiser la nation qu'on l'a réduite à la torpeur; sous le prétexte de la modérer, on l'énerve et on la paralyse. Il serait temps qu'on reniât les radoteurs, ergoteurs, sophistes qui n'ont que du son, que du vent, et qui, par leur faconde intarissable, vous mènent non pas au port, mais à l'abîme.

J'ai lu depuis deux ans plus de vingt volumes de philosophie : philosophie rationnelle, philosophie positive, philosophie religieuse, puis de l'écossaise, de l'allemande, puis de la philosophie éclectique; que d'enchevêtrements, que de pathos. Ici de l'alchymie et de l'algèbre, là de l'amphigouri et du galimathias. Arrière, ô science que nul ne peut comprendre! Le peuple, en France, ne croit qu'au style limpide et clair. Clarté, limpidité sont en exécration aux philosophes. Ils s'enveloppent de chiffons, se barbouillent de charbon, ils se grossissent la voix, ils marchent à pas de loup et vous réveillent en sursaut pour vous remplir d'effroi et vous saisir au moment de la fièvre. O mes Ecoles Centrales, qu'êtes-vous devenues? Si larges dans vos cours, si vastes dans vos vues, si fécondes en résultats et qui, à vos élèves, sans pensionnats, sans lisières, sans soupe, saviez si bien et si vîte délier la langue! La langue, c'est la morale; la morale, c'est la vie; la saine morale, autant opposée à celle de la bourse qu'à celle du cloître!

Ce qui est avant tout indispensable, c'est d'avoir des institutions en concordance avec les besoins, le progrès, les mœurs modernes. Il serait temps, sur mon âme, de ne plus se préoccuper du Moyen-Age ou de la Renaissance, de ne plus considérer les bouquins enfumés et toute leur masse que comme l'*a. b. c.* de l'histoire humaine, comme les jalons de passage des peuplades et des races. Chaque siècle eut sa tâche; chaque peuple sa mission. Ce qui était n'est plus et ne peut plus revenir. Je ne méprise point, je quitte. Je m'incline devant le passé, mais pour l'éviter non pour l'imiter. Qui, désormais, se soumettrait à une autorité sans contrôle, à une foi sans examen? Qui voudrait être Alcuin ou Eginhard, ou Fortunat, ou Pierre-Le-Vénérable, ou Abailard? Personne! les plus humbles se tiennent pour bien autrement avancés! Les fils, convenons-en, savent mieux et plus que les pères! J'admire et honore Bossuet et Fénélon, mais s'ils eussent vécu cent ans plus tard, ils eussent été Mirabeau et Barnave. Soyons de notre temps et préparons l'avenir. Changeons les arts, les sciences, les méthodes, si nous voulons aider l'action incessante des imaginations et des cœurs; si nous voulons former des vraiment hommes, sans visions de peureux, sans nuages épais traversés de taches jaunes, sans terreurs subites, sans monstres, sans fantômes, sans rapsodies et psalmodies éternelles!

Comment sortir des faux systèmes, des jugements obtus, des superstitions niaises, si nous gardons les codes et institutes de la chicane latine; si nous gardons les décrétales, les légendes, bréviaires, grimoires et tout cet attirail qui nous garotte comme des galériens; qui nous tient au maillot comme des bambins; qui nous fait crever de luxe et mourir de faim; qui nous aligne comme des capucins de cartes et nous force à tournoyer dans le vague et le vide, au son de l'orgue, jusqu'à l'abasourdissement et à l'idiotisme?

Regardez là-bas cet être amphibie, sans sexe, neutre, à rabat, et qui sans famille, sans neveux, sans désirs charnels et sans lignée, ronge, ronge, dépouille, dépouille, dicte des testaments, remplit des blancs-seings, suppose des codicilles, afin d'alimenter je ne sais quelle légion, je ne sais quelle secte, qui née dans les Catacombes aspire à s'emparer de la surface du globe.

Voyez ce Quintilianus en bonnet de serge noire, qui bégaye, qui tousse et se drape en marmottant dans sa cape traînante. C'est un docteur à chausse et à diplôme. Interrogez-le : que donne-t-il à épeler aux enfants qu'on lui livre? Il leur donne Suarez, Sanchez, les lettres de saint Bernard et les méditations de saint Bonaventure ; ouvrages (notez-le bien) *qui en disent plus que l'Evangile !* C'est leur cachet. Le beau chemin qu'avec de tels gaillards feront nos générations actuelles !

Et plus loin, quel est cet homme à barbe et à lunettes qui déblatère et mugit d'une voix de taureau? Il est en sueur et en nage, il s'essuie le front, à qui en veut-il? A Molière! Il prend don Juan à la gorge et le jette à terre ; il le foule aux pieds : « Ah ! s'écrie-t-il, » jusqu'à quand, jusqu'à quand aurons-nous des théâtres ? »

Et c'est nous qui soldons ces troupes de possédés! de la même main que nous gratifions les comédiens du Roi qui réhabilitent, dans leurs représentations, la scène du pauvre !

Quel flux et reflux! quel coup de bascule! quel va et vient de raffinements et de bêtises! C'est dans cette confusion que j'ai attaqué moins les hommes que les entraves cachées sous le beau nom de règles. J'ai écarté mes langes, déchirez les vôtres. Bravons les cuistres enfarinés qui crient au paradoxe. La société tout entière est à refondre. Toute la logique, toute la littérature, toute la constitution de l'Europe est à remanier. Toute la métaphysique est à brûler et à tordre. Honneur aux cuirassés qui entreprendront et achèveront ce grand œuvre. Aristote a régné, saint Thomas a régné, Descartes a régné, Rousseau même a régné, et maintenant à qui le sceptre?

En attendant, je reviens à vous, Etienne, je reviens à Anvers, une des villes qui me furent les plus bienveillantes et les plus chères! Rappelez-vous nos parties de campagne chez ce bon M. Auprack, venu de bas, mais assez bien stylé et décrassé, vêtu comme un seigneur, faisant le gros dos, les mains dans les goussets, zélateur du Veau d'Or, enroulé de billets à ordre, et pour comble de biens, ayant une fille accorte qui, fraîche Hébé, nous servait à plein verre, le vin du Rhin, de Cahors et d'Alicante. Rappelez-vous nos cavalcades poudreuses sur les rives de l'Escaut, et cette agile baigneuse qui traversait le fleuve à la nage, comme une néréide, et la demoiselle de comptoir du café de la place Verte, Sapho en jupon court, qui à minuit chantait sur son balcon des noëls et des cantiques, et ce billard maudit où vous me battiez à plate couture, et ces assauts d'armes où, en revanche, je mettais en lambeaux vos chemises de batiste, et nos extravagances dans les *Kermesses*, nos déjeûners à cette fine auberge du *Chapeau de Roses*, nos bals de l'*Alcôve* et de la *Sodalité*.

La Sodalité, l'Alcôve, deux salles, deux réunions, deux coteries, deux classes, l'une mieux drapée que l'autre, l'une noble et armoriée, l'autre industrielle et bourgeoise, l'une étincelante et solennelle, l'autre plus désopilée et plus à l'aise ; toutes deux, ma foi, fort agréables.

Anvers avait trois sortes de femmes qui attiraient tour a tour nos hommages, qui se les disputaient ou (comme dit Figaro) se les partageaient sans trouble et nous faisaient passer des heures délicieuses : les Françaises, les Génevoises, les Brabançonnes ; les premières, sans comparaison plus élégantes ; les secondes, plus mesurées et plus instruites ; les troisièmes, plus singulières, plus neuves pour nous, et par là même plus attrayantes. Les mœurs d'Anvers se ressentaient de la domination espagnole : des pères bourrus, des maris jaloux, des femmes calfeutrées. Les hôtels riches étaient comme des couvents ou des forteresses, où l'on ne pénétrait que par des coups de hasard ou par des calculs stratégiques très compliqués.

Je vous conte, ami, ce que vous savez, mais j'y prends goût et me divertis à remonter vers des temps de bonheur, déjà si éloignés ! Trois petites circonstances m'applanirent l'entrée de quelques maisons anversoises. Premièrement, les journaux de Paris enregistrèrent dans leurs colonnes un des couplets de ma chanson intitulée le *Poisson d'Avril;* ces journaux circulaient dans le Brabant, et par eux mon nom commença à courir. Secondement, une actrice, Follange, s'avisa d'intercaller entre Œdipe et les Visitandines, un jour de représentation à son bénéfice, ma romance de *Comment faire,* avec la musique de Berton. Follange avait seize ans, le parterre l'adorait, et grâce à elle, ma bluette sentimentale fut répétée dans tous les salons. Troisièmement enfin, un des beaux et des aimables du pays, Joseph Van-ert-Buck, se prit à débiter dans une soirée d'élite, la pièce suivante que je lui avais donnée le matin en confidence.

LES SAINTS DU PARADIS.

DIALOGUE ENTRE UN TUTEUR ET SA PUPILLE.

LE TUTEUR.

Que sens-tu, jeune brunette,
Au fond de ton petit cœur ?

LA PUPILLE.

Un ennui d'être seulette,
Qui m'est comme un ver rongeur.

LE TUTEUR.

Quand la nuit n'est pas trop sombre,
Que vois-tu ?

LA PUPILLE.

Près de mon lit,
Je vois un démon dans l'ombre,
Qui par le pied me saisit.

LE TUTEUR.

Alors que fais-tu ?

LA PUPILLE.

Transie,
Du Paradis tour à tour
Ce sont les Saints que je prie.

LE TUTEUR.

Mais lequel surtout ?

LA PUPILLE.

L'amour !

Ces vers n'avaient pas le sens commun : A Paris on les eut sifflés impitoyablement. Mais à Anvers, ils firent merveille. On voulut voir l'auteur; on le vit; je fus reçu dans des familles qui n'admettaient ni Allemands, ni Anglais, ni personne et je profitai de l'exception pour examiner de près cette vie intérieure du Nord, sur laquelle jusque-là je ne m'étais fait que des chimères.

De gros revenus, beaucoup de parchemins et de baronies, beaucoup de morgue et pourtant une grande bonté et charité avec les fermiers, les artisans, les malades, les pauvres; toutes les vertus communes et peu saillantes jointes à un grand luxe d'ameublemens, de tapis, de tentures; des escaliers de marbre, des rampes d'ébène et de bronze, des portes incrustées, une profusion de vaisselle plate, des dressoirs éblouissants, des vases de la Chine et du Japon, des candelabres dorés; luxe de table, d'habits, de valets; luxe de voitures pour les saisons rayonnantes, de traîneaux pour l'hiver et les jours ternes, et, sous ce dais, ces grelots, ces panaches, un flegme assommant et une pétrifiante étiquette.

Je dis le train habituel, mais au carnaval on faisait le diable. Toute la ville était sur pied. Les plus austères se déridaient, se déguisaient de mille façons et s'affublaient des costumes les plus grotesques : voilà les géants, voilà les charriots et les boucs, voilà les arlequins et les polichinelles. Les magistrats, grimés et travestis, arpentaient en gambadant, les rues, les quais, les places; se confondaient sans nulle réserve avec les femmes des ports, les matelots débraillés, les silènes de faubourg, et souffraient même qu'on s'introduisît chez eux, dans le sanctuaire, pourvu qu'on put donner au concierge un nom sonore.

Avec le carême revenaient les simagrées. Chacun faisait régulièment ses dévotions, et c'était là encore une occasion de voir bien des choses. La semaine sainte, la musique des vêpres, les stations, le baisement de la vraie croix, tout, à Anvers était une providence pour les admirateurs et poursuivants du beau sexe. Les églises ne désemplissaient pas. Quelle ferveur, quelle patience, que de signes faits aux portes, que de rendez-vous sous les piliers de la nef; que d'eau bénite offerte et acceptée en s'inclinant: que de profanes désirs mêlés aux génuflexions et aux prières, et quelle consommation, du mercredi des cendres à Pâques, il se faisait de *poulets* glissés dans les *failles* et mantilles, dans les manchons; que d'œillades échangées et de ravissantes promesses!

Je peins une époque déjà bien effacée. Il est possible que tout cela ne soit plus. C'est même probable et je ne réponds pas que ce tableau fidèle du passé ressemble au présent. Tout marche et varie. Il faut d'autres couleurs pour d'autres visages. Parmi les Flamands et Brabançons, il y en avait, certes, d'un génie étendu, d'une âme élevée. J'en ai connu du plus haut mérite et j'ai de leurs écrits pleins de nerf et de sel. Mais qu'il y en avait de lourds dans leurs rapports avec les femmes! Ils fumaient, ils prenaient du genièvre, ils buvaient de la bière, et avaient dans leurs propos je ne sais quoi d'épais et d'empâté, de grondeur et d'aigre, qui souvent, en passant, me blessa l'oreille.

Nos formes dégagées, quoique sans impudence; une sorte d'onction et de mystère dans l'expression de nos vœux, nous faisaient distinguer et écouter, nous faisaient traiter avec une faveur très marquée, et sans fatuité. Quand des Français pur sang (vous en étiez alors!) se trouvaient dans une fête, il est incontestable que les plus jolies femmes et les meilleures des walses, des *colonnes*, des contredanses étaient pour eux.

Pourquoi faire la petite bouche et se pincer le bec? pourquoi ne pas laisser à la vérité son cours et son allure? Je la dis comme elle est. Ce que je dis de moi, je le dis de vous. Je n'eus qu'un rôle exigu, restreint, borné, dans cette comédie de l'Empire. Si je monte sur le trottoir et me mets en scène, c'est comme Montaigne (pardon de l'exemple) pour faire jouer sous ce voile, les marionnettes. Le *moi* est commode et je le prends, au lieu de *nous*, qui est au fond de ma pensée, au bout de ma plume. Dans cette revue tout passe; dans ce miroir tout se reflète: voyez-vous ce gros Miger qui fait l'Adonis et donne des sérénades à toutes les héritières de la place de Meer; voyez-vous ce Raymond, fluet et pâle, qui plaît aux dames de la colonie suisse et tue en duel les maris effarouchés de toutes ses maîtresses; voyez-vous cet imbécile de Gomichet, qui gagne et débauche à prix d'or les visiteurs de la douane, au profit de trois flibustiers, trois roués, qui le laisseront un jour pourrir dans un cabaret et dans un bouge; voyez-vous cette mercière friande, qu'un capitaine d'artillerie entraîne sur les remparts et qui, dans un moment de trop vive tendresse, tombe du haut d'une guérite, dans les fossés de la citadelle et se relève en faisant une pirouette sans avoir de cassé que son crucifix d'ivoire. Les mannequins ne manquent pas à ma palette, et je ferais d'ici à demain des portraits avec les originaux qui défilent au trot devant ma lanterne.

La sœur des Van-ert-Buck avait épousé le baron de Spire. C'était une femme supérieure, obligeante, belle, d'une exemplaire sagesse, mais ne se cachant pas du plaisir qu'elle avait à entendre un Parisien parler de galanterie.

De ses deux cousines, il y en avait une mariée à un millionnaire, M. Vandael, que je n'ai jamais vu, qui était toujours aux champs, du côté de Berg-op-Zoom à chasser le loup; et une autre, Emilie, fort séduisante, à qui je devais tous les matins un triolet ou un épitre. Au bout du semestre, elle en eut de quoi remplir un chapeau. Mais quand l'heure du mariage sera venue pour elle, tout ce fatras poétique aura subi la loi commune, tout aura été jeté au feu et pas un quatrain n'aura échappé au houra conjugal.

Si le dieu d'hymenée, moins défiant et moins rêche, eût souffert qu'on gardât tous les couplets badins faits sans sa permission, avant sa venue, toutes les déclarations, toutes les ballades, il y en aurait de quoi garnir jusqu'à la voûte, nos cathédrales!

Quant à vous, cher Etienne, vous étiez assidu près de la blonde Van-der-Vald, sans négliger les Vanthol, si dodues et si rondes, et les Vandick, si sveltes et si naïves, et certaine autre dame, moins innocente et plus délibérée, dont il n'est pas nécessaire que je vous écrive le nom. Il est gravé dans un coin de votre esprit, et il y joue parmi les papillons, les chérubins et les songes.

Mademoiselle de Nikel passait pour prude, et elle ne l'était pas du tout en petit comité. Elle se passionnait pour les articles de Geoffroy, dans les feuilletons du journal de l'Empire, et par une contradiction assez drôle, elle était en extase devant les contes, les lettres, les poëmes de Voltaire, y compris le poëme en vers de dix, qu'on lit sans le dire, et qu'elle avait sur son chevet pour l'apprendre par cœur, avec les sermons de Bourdaloue

M. Cochon était préfet d'Anvers, quand j'arrivai. Il était court, trapu, chauve, mais d'une capacité et d'une intégrité rares. Il venait de Poitiers, et, tous les ans, de cette ville, ou de Ruffec ou d'Angoulême, on lui envoyait des terrines de perdrix, des dindes truffées dont je mangeais ma part, recommandé que j'étais par uu des faiseurs du 18 brumaire, un ancien procureur fiscal de Saintes, devenu un de nos grands législateurs.

Je ne vous fais pas, ami, grâce d'un détail. Je saute d'un sujet à l'autre comme un écureuil. Je prends où je trouve. J'inscris mes souvenirs à mesure qu'ils apparaissent. Ce n'est pas de l'histoire tendue, pompeuse et officielle, c'est de la chronique en robe de chambre. J'écris comme un malade au milieu des malades. J'ai là des tasses, des fioles, des sirops, de l'éther, des limonades et toute une pharmacie! J'ai des femmes qui souffrent, des femmes qui pleurent et je vas comme un hibou, durant les heures de la nuit, battant de l'aile de lit en lit, de porte en porte. Les pensées doulou- reuses se pressent dans mon cerveau, elles l'étreignent, le compri- ment, et il me faut, je vous jure, une volonté bien tenace pour les faire céder à des idées d'azur, à de lestes farfadets, qui défilent devant moi en habits de noces. Je me détache des maux comme des biens et glisse, nâvré et blême, sur les glaçons de la mort qui en- vahissent ma demeure.

La vie est si courte, la mort si rapide, il n'y a pas de trait de plume qui ne puisse être le dernier!

Une jeune femme était à côté de nous dans un pavillon bâti et orné pour elle au milieu d'un jardin; l'éclat et l'opulence, le com- fort de l'industrie nouvelle, l'hommage des mortels, les dons du ciel :

> « L'art d'Arachné, le doux chant des Syrènes,
> » Elle avait tout; elle aurait, dans ses chaînes,
> » Mis les héros, les sages et les dieux! »

Un rhume est venu, le poumon s'est engagé, on a appelé le méde- cin, on a appelé le confesseur, en trois jours l'affaire a été faite; on a porté la morte en terre. Ce corps, si blanc et si rose, était vert et livré à la décomposition hideuse.

O voiles protecteurs, dérobez à mes regards ces vilains spectres!

Le cirier se présente une facture à la main. Il vend le convoi comme on vend des bouquets de bal.

1º Tentures du baldaquin............ ..... 40ᶠ		
des portes.................... 70		
des chaises................ 40	186ᶠ	
des autels................. 36		
2º Garnitures de lampes, de têtes et larmes.......	30	
A reporter........	216ᶠ	

Report........................	216 f
3º 60 cierges de 12 onces pour la chapelle.......	
8 pour les pleureurs....................	
8 pour les pleureuses..................	
8 pour l'exposition....................	241
8 pour les choristes....................	
8 pour la maison mortuaire...............	
4º Flambeaux...........................	180
5º Porteurs et fossoyeurs..................	30
6º Pour les douze porteurs de torches........	
le directeur du convoi..............	108
les huit conducteurs du deuil..........	
les huit femmes voilées.............	
7º Le cercueil..........................	12
8º Droits de la fabrique et du clergé...........	140
9º Corbillard à deux chevaux...............	45
10º 550 Lettres d'invitation........... 34 f	
distribution.................. 17	51
11º Numérotage de la fosse................	3
12º Marbre noir avec inscription...............	100
Total......................	1029 f

C'est le prix courant pour un enterrement passable. Il en coûte plus pour mourir que pour guérir. Le sacriste et le bédeau sont de rusés spéculateurs qui enflent le tarif selon l'affliction. Si la famille est orgueilleuse, la somme est double. L'ostentation va jusqu'à mille écus. Je gage que c'est de même sur les bords de la Tamise et de la Clyde. A Rome, sous les Césars, il n'y avait pas de fileuse de laine qui ne voulût que son mari ne lui fît ériger un monument. De là, tant de cippes et d'inscriptions qui sont la pâture des oisifs d'Athénées.

A Anvers, mon ami, nous ne pensions point à la camarde. On y mourait pourtant, je crois, mais nos oreilles étaient fermées aux chants lugubres, nous n'entendions que le violon et le fifre. Je n'ôtais mon chapeau ni à croix ni à bannière; j'ignorais tout-à-fait où était le cimetière; je ne savais que l'adresse des pâtissiers et des modistes; où allais-je? à la paume pour me donner de l'appétit! indépendamment des repas très succulents, dont M. Cochon nous régalait, il y avait des dispositions pleines de sagesse qu'il faisait pour les octrois, les chemins vicinaux, les écoles de garçons et de filles. Il voulait amener les peuples à s'éloigner du vice par l'éducation et par le bonheur qu'ils éprouveraient à pratiquer la vertu : on fait de l'homme ce qu'on veut, comme de l'arbre. C'était le principe qu'il avait pris de Turgot, de Condorcet, de Franklin. Telle culture, tel fruit! Sa fille l'aidait dans l'accomplissement de ces devoirs. Elle était à la tête des secours et des aumônes. Elle veillait de près sur les sages-femmes qui se faisaient entremetteuses ; sur les barbiers, qui, faisant de la chirurgie, étaient toujours prêts, pour s'exercer, à couper bras et jambes à de pauvres imbéciles ; elle réprimait les charlatans de bas étage, qui vendaient aux vieilles femmes de la panacée universelle. Mademoiselle Cochon était brune et maigre, mais bien faite, d'une jolie tournure et d'une exquise propreté et bonté. Elle possédait un talent remarquable pour la déclamation et récitait des tirades de Polyeucte, Phèdre, Mérope, Rhadamiste, avec un art qui arrachait des larmes. Mais dieux ! qu'elle faisait bien les confitures ! Chez son père et par ses soins, le thé et le chocolat étaient en perfection. Elle donnait au chef de cuisine des conseils raisonnés qui, modérant sa fougue, empêchaient qu'il ne mît dans ses sauces trop de muscade, et devançaient le dictionnaire de Brillat-Savarin. Je dois à la justice de déclarer que jamais, depuis ses dîners, je n'ai goûté de salmis de bécasse, qui approchassent des siens, à cent piques.

Je suis de l'avis du vicaire de Wakefield, et je ne parle pas légèrement des choses du ménage. Ce sont pour moi, au contraire, des matières graves. L'art du four et du gril, de l'émincé, de la chapelure est un des stimulants de l'homme civilisé, c'est une de ses consolations les plus efficaces. Consultez-vous et dites qui n'a ressenti les effets d'un consommé bien chaud après une nuit passée au corps-de-garde? Qui ne s'est bien trouvé d'une tasse de café pour dissiper la migraine ; d'une bouteille de Champagne et d'un macaroni à l'italienne, flanqué d'un poulet sauté aux champignons ou de filets de sole au gratin, pour ranimer un appétit blâsé et chasser les vapeurs ou la colique.

Pour en revenir à M. le préfet d'Anvers, il était veuf. Sa fille tenait la maison, et c'est une grande affaire, qu'une femme qui sait comme elle, contenter ses convives, recevoir et placer chacun à son rang, selon ses prétentions, son ampleur ou sa mise. Si la direction est bien donnée, toute la ville applaudit, la contrée bat des mains, l'administration va comme sur des roulettes, tandis que si le service boîte et cloche, s'il y a manque de tact ou maladresse, c'en est fait du pays, tout s'embourbe et craque ; on n'entend de tous côtés que chuchottements, que murmures, et voilà que toute une population est aux abois pour une inadvertance ou une gaucherie.

L'Empereur le savait bien, aussi tenait-il par dessus tout à avoir des préfets généreux et valeureux, qui ne sourcillaient ni ne boursillaient. C'était une de ses règles capitales. Il voulait que ses délégués tinssent le haut bout, donnassent l'impulsion, dépensassent jusqu'au dernier sou de leurs traitements et de leurs revenus propres, en représentation, en galas, en dragées et en méringues. La fille de Cochon suivait ce régime; elle fut pour beaucoup dans les succès et de son père et de son frère. L'un devint sénateur, l'autre fut auditeur, puis sous-préfet, puis receveur des finances. Ils répudièrent le nom de Cochon, prirent celui de *Lapparent*, et se virent plus tard coëffés d'une toque de comte.

Les changements de noms souvent sont nécessaires. Vous vous appelez *Mâtin*, c'est fort désagréable. Au lieu de l'*m*, mettez *g*, à la fin du mot ajoutez *elle*, faites précéder le tout de la particule féodale, et vous avez ainsi un *de Gâtinelle*, qui est tout-à-fait convenable et euphonique.

Nos aïeux se plaisaient apparemment aux noms burlesques. Nous avions en Anjou un *Le Diable-Cornu*, qui était capitaine d'une compagnie d'hommes d'armes et que le roi Henri IV affectionnait. La famille est éteinte, et je ne vois plus ce nom-là dans nos contrats, depuis plus d'un siècle.

Pantin, Coquin, Paillasse, Cufin, Braillard et cent noms de cette espèce, se lisaient sur les enseignes de nos boutiques; j'évite un autre nom qui fait frémir les maris d'épouvante et qui était commun dans nos contrées; on a gravé à la place : Soland, Colliquel, d'Orgemont, Caffin, Cornudet, Deleurie ou autres semblables; les consonnances y ont gagné et l'on a coupé court à bien des coqs-à-l'âne.

Le comte d'Herbouville remplaça Cochon aux Deux-Nèthes. Il avait trois filles des plus aimables : Nice, pleine de raison, Juliette, pleine de gaîté, Marie, pleine de grâce. Nous dansâmes toutes les semaines chez ce diligent préfet, pendant le carnaval, malgré la guerre prochaine, malgré la neige. Le froid intense nous faisait sauter comme des cabris. Si le dehors était glacé, le dedans était de braise. On dansait chez le général, on dansait chez les payeurs, chez les présidents de Cour et procureurs impériaux. Ce n'était partout que rigodons et que branles. Tailleurs, traiteurs, confiseurs, couturières, s'en réjouissaient, et dans ces années si batailleuses, il y avait dans nos provinces une telle recrudescence de concerts, de gavottes, d'entre-chats, de pique-niques, qu'on ne pensait plus aux maux et au danger et qu'on ne s'occupait que de volupté, de toilette et de gloire.

M. le baron Malouet était préfet maritime. Sa face était ouverte, et sa bourse aussi ouverte à tous ceux qui souffraient. A l'assemblée constituante, il était du côté droit, et faisait du royalisme mitigé avec

Mounier, Maury et Cazalès, sauf les nuances. Sa tête plus d'une fois fut mise à prix. On le força de quitter la France, mais il n'en avait point conservé d'amertume, et quand il parlait de la Convention, des volontaires, des succès de nos armes, c'était avec ébahissement et enthousiasme. Il avait gouverné nos colonies et ses mémoires étaient nourris de documents et de preuves. Il en avait d'imprimés, il en avait de manuscrits qu'il me faisait lire et qui, si je me souviens bien de ce qu'ils contenaient, donneraient aujourd'hui de grandes clartés pour nos établissements d'Algérie. Sa famille était nombreuse; il avait un peloton de neveux, une guirlande de nièces, tous hors ligne pour l'esprit, la tenue, les bonnes manières : Chabanon, Larinty, Percheron, et Adelaïde, Sophie, Rosine. Tout cela brillait, dansait, faisait envie. O les faciles mœurs, et décentes et pures, sans bas-bleu, sans écart, sans collet-monté et sans pruderie. A la Restauration, le baron Malouet devint ministre et ses neveux eurent la direction des bureaux de la marine. C'était une bonne fournée, un vaisseau bien lesté, le vent en poupe. Qu'est devenu cet équipage? Où sont les passagers? L'orage a grondé, où sont les flottes? La bourrasque a brisé les mâts et les vergues; les cargaisons et les coques ont été englouties. O quelle faulx, quelles raffales, quel gouffre! Il y avait une demoiselle Percheron, petite et mignonne, remplie de talents, peintre, musicienne, poète, qui sortit de France, s'en alla en Russie, devint la femme de Clementi, le fameux pianiste, et qui, pianiste elle-même du premier ordre, se fit une position superbe à Saint-Pétersbourg, puis à Moskou, et périt sans doute dans l'incendie!

Ainsi toutes les images renaissent dans ma pensée. Votre nom a suffi pour galvaniser les figures mortes. Les pierres du sépulcre se sont levées, elles ont écarté le linceul humide et sont venues autour de moi former une ronde Macâbre.

Edmond, votre jeune fils, vous lira ma lettre, ô mon pauvre Tirésias. Sa voix donnera du prix à mes paroles. Vous et lui, vous êtes d'une indulgence qui ne tarit pas. Vous vous intéressez à ces feuilles volages, à ces folles échevelées qui se confient à la malle-poste et franchissent le détroit, pour aller vous relancer dans Eusson-Square. Vous avez accueilli et dévoré ce que j'ai dit et rabâché sur l'Institut. Vous n'en êtes pas quitte. Je n'ai pas fini avec ce grand corps, et c'est à vous directement que j'adresse mes dernières notes. Vous me rendrez ces détails par ceux que vous me donnerez sur votre Académie royale de Londres; dites ses lois, ses travaux, mais aussi et surtout la vie de ses membres et ce qui touche à leurs caractères, à leurs voyages, leurs succès, leurs revers; ce qui touche à la composition, publication et vente de leurs ouvrages. Biographie et bibliographie, c'est là ce que j'aime. Ramassez et envoyez. Je lirai quand je pourrai, quand je voudrai, sans m'imposer d'obligation minutieuse et absolue. Faites de même avec moi : prenez, quittez ma lettre, ne vous gênez pas.

L'Institut de France fondé par la Constitution de l'an III, ne fut organisé qu'en l'an IV, et ce fut un des premiers actes du Directoire, à qui je trouve qu'on n'en a pas su assez de gré.

Le 9 brumaire, le conseil des Cinq-Cents présentait des candidats dans l'ordre qui suit :

Revellière. . . .	317 voix.
Rewbell.	246 id.
Siéyès.	239 id.
Letourneur. . . .	214 id.
Barras.	206 id.

Le 10, le conseil des Anciens faisait la nomination par 218 votants, et 110 de majorité absolue :

Revellière. . . .	216 voix.
Letourneur. . . .	189 id.
Rewbell.	176 id.
Siéyès.	156 id.
Barras.	129 id.

Siéyès mécontent de sa position sur les deux listes et dépité de n'avoir pas été élu le premier ; n'aimant point les collègues que l'urne lui donnait et se réservant pour prêter son appui à d'autres influences qu'il prévoyait ne pas tarder à se faire jour ; partisan d'un pouvoir plus concentré encore, écrivit la lettre alambiquée que je vais transcrire :

Lettre de Siéyès

AU PRÉSIDENT DU CONSEIL DES ANCIENS.

« Citoyen président, je reçois l'avis que vous voulez bien me donner de ma nomination au Directoire exécutif par le conseil des Anciens. Quels que soient mes sentiments et ma reconnaissance pour cette haute marque de confiance, je ne peux vous faire d'autre réponse que celle que j'avais faite d'avance à tous ceux de mes collègues en particulier, qui avaient voulu me parler de leur dessein de me porter à cette place. Je les avais assuré que dans la supposition où je serais nommé, je n'accepterais point. Je me vois avec regret obligé de répéter ici cette déclaration d'une manière solennelle. Sans doute, je me dois à ma patrie; mes services et ma vie lui sont consacrés dans le poste que j'occupe, et où le vœu bien prononcé de mes concitoyens m'a replacé de nouveau. Je croirais, je l'avoue, trahir mes devoirs, si je le quittais, malgré ma conviction intime et certaine, que je ne suis nullement propre aux fonctions du Directoire exécutif.

» Ma détermination n'est pas du nombre de celles où il faut se soumettre au vœu de la majorité; je ne puis faire abstraction de ma propre opinion, de mon propre jugement. Après m'être consulté avec toute la maturité dont je suis capable, il m'est impossible de croire que l'intérêt de mon pays soit d'appeler à une place où l'on doit pouvoir rallier toutes les confiances, un homme, précisément, qui, depuis le commencement de la révolution a été constamment en butte à tous les partis, à tous sans distinction. Ma véritable place est déjà marquée au conseil des Cinq-Cents : mon choix est fait, j'y reste.

» Salut et respect,

» SIÉYÈS. »

Les autres directeurs acceptèrent. Vous serez curieux d'avoir leurs lettres; les voici. Elles font juger de la tournure de leur esprit. Deux plus délayées, une autre plus polie, une autre plus sèche.

Lettre de Revellière-Lépeaux.

» Ma santé délabrée, les fatigues que j'ai éprouvées depuis le commencement de la Révolution, ma répugnance pour tout ce qui m'arrache à la vie privée, m'avaient fait dire que je n'accepterais pas dans le cas où je serais porté au Directoire exécutif; mais la difficulté des circonstances, l'idée que je me fais des devoirs de tout bon républicain envers la patrie, ont changé ma décision; j'irai jusqu'à l'extinction de mes forces; heureux, si avec de bonnes intentions et les efforts de mes collègues, je parviens à éteindre toutes les haines, à ramener la paix et l'abondance dans notre commune patrie. »

Lettre de Letourneur, de la Manche.

» Si je ne consultais que la faiblesse de mes talents, je laisserais à un autre la place importante à laquelle vient de m'appeler le Conseil des Anciens. Mais je me suis rappelé que le courage et le dévouement à sa patrie sont le propre d'un républicain.

» Je monterai donc à la brèche : mon premier vœu est de maintenir la république une et indivisible. »

Lettre de Rewbell.

« J''accepte ma nomination au Directoire exécutif. »

Lettre de Barras.

« Mon respect pour la décision des deux conseils, mon zèle, mon courage et mon attachement pour la république, me déterminent à accepter la place de membre du Directoire exécutif. »

Une partie du conseil regrettait Sieyès, et voulait près de lui, parlementer et insister. Duplantier alla jusqu'à déclarer que dans son opinion où Sieyès n'était pas, il n'y avait pas de gouvernement possible; et jusqu'à faire de sanglantes railleries contre les autres membres du Directoire. On le traita de fou, et Thibaudeau qui aimait Carnot et qui voulait le faire nommer, fit sur-le-champ décider qu'on ne presserait nullement *l'abbé Cassandre*, comme il l'appelait, et qu'on procéderait sans délai à un nouveau vote.

Le 12 brumaire, Carnot fut désigné aux *Cinq-Cents*, par 181 voix; le 13, il fut, aux *Anciens*, nommé par 117 voix sur 213.

Le 13 brumaire, les ministres furent élus au nombre de sept. Carnot influa sur le choix de trois d'entr'eux : Bernadotte, à la Guerre ; Cochon, à la Police ; Benezech, à l'Intérieur.

Ce fut le 29 brumaire, c'est-à-dire quinze jours après son avènement, que le Directoire proclama l'existence officielle de l'Institut. Je transcris le préambule de l'arrêté dont Revellière-Lépeaux fut le rédacteur.

Liberté. **Égalité.**

DIRECTOIRE EXÉCUTIF.

Du 29 Brumaire, an IV de la République française.

« Le Directoire exécutif, considérant qu'il est de son devoir d'ouvrir avec célérité toutes les sources de la prospérité publique;

» Profondément convaincu que le bonheur du peuple français est inséparable de la perfection des sciences et des arts, et de l'accroissement de toutes les connaissances humaines; que leur puissance peut seule entretenir le feu sacré de la Liberté, qu'elle a allumé;

maintenir dans toute sa pureté, l'égalité qu'elle a révélée aux nations; forger de nouvelles foudres pour la victoire; couvrir les
champs mieux cultivés de productions plus abondantes et plus utiles;
féconder l'industrie, vivifier le commerce; donner en épurant les
mœurs de nouveaux garants à la félicité domestique; diriger le
zèle de l'administrateur, éclairer la conscience du juge et dévoiler
à la prudence du législateur, les destinées futures des peuples, dans
le tableau de leurs vertus et même de leurs erreurs passées;

» Voulant manifester solennellement à la France et à toutes les
nations civilisées, sa ferme résolution de concourir de tout son pouvoir aux progrès des lumières et fournir une nouvelle preuve de son
respect pour la constitution, en lui donnant sans délai le complé-
ment qu'elle a déterminé elle-même, et qui doit assurer à jamais, au
talent, son éclat; au génie, son immortalité; aux inventions, leur
durée; aux connaissances humaines, leur perfectionnement; au
peuple français, la gloire; et aux vertus, leur plus digne récompense;

Arrête.... »

Il est à remarquer que sous la Convention, rarement il y eut des
préambules; rarement il y en eut sous le Consulat et sous l'Empire.
Le Directoire lui-même ne prit que de loin en loin la peine d'en
faire. Mais ici, dans un grand acte national, où l'intelligence jouait
le premier rôle, il crut devoir expliquer ses motifs et donner le
bilan de nos gloires futures. C'était revenir pour un moment aux
formes monarchiques et à ces préambules des édits et ordonnances;
préambules la plupart du temps diffus, entortillés, cachant des
mesures fiscales sous des phrases cauteleuses, mais parfois bien
écrits, fort élevés, fort beaux, et qu'on a cités comme des pièces de
haute moralité et d'éloquence.

Un jour, M. Laîné, ministre, m'appela dans son cabinet, où je
trouvai M. de Richelieu, président du conseil, et M. Ravez, président de la chambre. « Vous m'avez proposé, dit-il, la création
» d'un second théâtre français; le duc de Duras, premier gentil-
» homme protecteur de la comédie française, est tout à fait con-
» traire à cette mesure; il avait d'abord mis le roi dans son parti,
» mais M. de Richelieu, premier gentilhomme aussi, quoiqu'il
» n'en remplisse pas les fonctions, se fait fort en cette circonstance,
» d'amener son confrère à des concessions; il se charge de détermi-
» ner S. M. à permettre l'ouverture de l'Odéon avec le répertoire
» tragique et comique au grand complet, ainsi, faites l'ordonnance,
» et aujourd'hui même je la ferai signer. »

Je pris une plume, et le projet fut bientôt dressé :

Louis, par la grâce de Dieu,

Sur le rapport de notre ministre, secrétaire d'État de l'Intérieur,

Nous avons ordonné, et ordonnons ce qui suit :

ARTICLE 1er.

Un second théâtre français sera établi à l'Odéon avec toutes les prérogatives du premier.

ART. 2.

Ce théâtre aura une subvention annuelle de 100,000 francs.

ART. 3.

M. Picard, de l'Académie française, en est nommé le directeur.

ART. 4.

Notre ministre de l'Intérieur est chargé de l'exécution de la presente ordonnance.

Je remis le papier à M. Laîné qui, en le parcourant des yeux, s'écria : *style de décret.*

— Comment? dis-je.

— Dispositif tout sec, et point de préambule. Il nous en faut un, nous sommes sous les Bourbons, ne n'oubliez pas, et faites-nous, je vous prie, des considérants en conséquence.

J'obéis, et la pièce libellée, d'accord avec M. de Pradel, directeur général de la maison du roi, eut son effet, qui dure encore, et qui nous a valu Delavigne, Ponsard, Méry, Dallière.

Mais voyez, par cette digression, quelle importance on attacha toujours, sous la royauté, aux préambules.

Le Directoire ne voulait pas de la royauté, et suivre néanmoins même une seule fois les vieux errements, était une faute.

L'Institut cependant fut constitué, et Bénezech, en sa qualité de ministre de l'intérieur, eut à régler les principaux mouvemrnts de ce corps illustre.

Les membres nommés par le Directoire n'étaient qu'au nombre de 48. C'était le tiers de ce qu'il en fallait. Bénezech veilla aux choix et à leur confirmation pour le reste. C'était un homme simple et juste, qui né à Montpellier en 1745, était venu à Paris de bonne heure, avait monté un cabinet d'affaires, et s'était fait adjuger la propriété des Petites-Affiches. Cette feuille alors n'était pas uniquement un placard de biens à vendre, d'effets perdus, de domestiques à placer. On y mettait des couplets, des apologues, des logogriphes ; l'abbé Aubert en avait eu la rédaction, et Ducray-Duménil lui avait succédé, lorsque moi-même j'y insérai un rondeau des *Petits-pieds*, qui fit la joie des raccommodeuses de dentelle et des lingères. Bénezech ne se bornait pas à percevoir le prix des avis et annonces, il faisait des *contes moraux* qui tenaient le milieu entre ceux de Marmontel et de Bouilly. Ce fut à ce métier que Carnot, qui prenait le mérite où il était, et ne s'informait guère des *conditions*, alla un jour l'enlever pour lui donner, sous le comité de salut public, la direction des poudres et salpêtres. Bénezech aida par un infatigable zèle à la rapidité de nos succès, en 1794. Jamais les magasins n'étaient vides, et malgré les millions de gargousses et de cartouches que de tous côtés nos soldats envoyaient à l'ennemi, il y en avait toujours en provision pour les quatorze armées de la République.

En 1796, Carnot enleva Bénezech aux poudres pour le faire, d'accord avec ses collègues du directoire, chef d'un ministère qui comprenait tout le budget des départements et des communes, tout le personnel administratif, les sciences, les arts, les lettres, les travaux publics, les ponts-et-chaussées, l'agriculture, l'industrie, les manufactures, les bâtiments civils, les prisons, les hospices, toute la fleur de l'État enfin; toutes ses productions, toutes ses plaies à guérir, toute sa misère à soulager.

On n'a pas su assez tout ce que fit Bénezech dans cette situation si difficile. Il succédait à des commissions collectives qui, forcées de s'inspirer du moment, naviguant au milieu des écueils, n'avaient laissé ni règle ni boussole.

Ce fut lui qui, à proprement parler, fut le créateur de cette belle et grande administration française, qu'on n'a fait depuis que perfectionner, et que tous les grands États de l'Europe ont été jaloux de prendre pour modèle.

Modeste à la fois et résolu, Bénezech aimait la concorde, la paix, il cherchait à rallier les partis, mais il voulait avant tout la république, et était voué de corps et d'âme au Directoire : « La monar- » chie est usée, disait-il, l'hérédité est usée. Ces familles qui ré- » gnèrent d'âge en âge, et pour lesquelles tout se fit sur la terre, » ne sont plus de mode ; elles ont brillé, elles ont servi, elles » ont été nécessaires, indispensables, elles ont été la base de l'u- » nité, de la force, elles ont été en France notamment le levier avec » lequel a été renversée l'anarchie. Autres temps, autres mœurs ; » autres maux, autres remèdes. Ce n'est plus le siècle des libertés » octroyées par les rois, des stabilités par les trônes, des peuples » pivotant autour des races princières. Il y a un autre moule, il » en est sorti une autre forme, et tout ce qui se heurtera contre, » sera brisé.

» Il faut des lois nouvelles, des chefs élus, des principes d'ordre » inaltérables, des répressions sévères pour les cabaleurs et les fac- » tieux, de promptes punitions pour les traîtres ; surtout une ins- » truction variée et libérale pour toutes les classes, et des récom- » penses publiques pour la vertu. »

Telles étaient les déclarations de Bénezech et ses doctrines. Mais par elles, et à cause d'elles, les restants de montagnards ne le pouvaient souffrir ; les royalistes le redoutaient, ils détestaient sa probité intacte, et son activité qui les surveillait de près, les poursuivait sans cesse, et rompait le fil de leurs intrigues, sans qu'il y eût trace en lui d'animosité pour leurs personnes. Ils essayèrent de le corrompre, et ne pouvant réussir, ils se mirent à le flatter, dans leurs clubs, à le porter aux nues ; ils le rendirent suspect par leurs éloges. La presse, ou perfide ou inquiète, se rua sur lui, et chaque matin, il se vit accablé d'encens et de boue ; non pas dupe de ce manège, mais las de cette lutte, il offrit sa démission au Directoire : » Je résiste, écrivait-il, aux calomnies, mais je succombe sous » la fausse louange. » Le président Rewbell lui répondit le 28 nivôse an V :

« Le Directoire exécutif sent combien un citoyen dévoué à sa » patrie, peut être désagréablement affecté des éloges de certains » journalistes, mais un ministre qui a su *braver la censure des uns,* » *doit avoir le courage de se mettre au-dessus de l'adulation des* » *autres.*

» Le Directoire exécutif, citoyen ministre, est satisfait de votre » *administration et refuse d'accepter votre démission.* »

Bénezech n'insista pas. L'offre et le refus ébruités à dessein, forcèrent pendant six mois la brigue à se taire. Le ministre alors fut envoyé en Belgique pour examiner l'état du pays, étudier son esprit, préparer les élections et chercher les moyens de faire prospérer et d'attacher à leur nouvelle patrie, les villes du Nord. Le plan du Directoire était de faire parcourir les différentes contrées de la France, par les ministres, afin de bien connaître et les besoins et les ressources, et de prendre mieux ensuite les mesures appropriées aux localités, aux hommes, aux circonstances.

A Bruxelles, on reçut Bénezech au bruit du canon, on lui fit des harangues, on lui donna des fêtes, mais pendant ce temps-là, les royalistes, fidèles à leur tactique, le portaient dans leurs notes, dans les instructions de la Villeheurnois, comme devant, au retour de Louis XVIII qu'ils annonçaient et promettaient avec audace, rester à son poste et conserver toute la confiance.

Bénezech accourut à Paris, afin de s'expliquer sur ces menées.

— Vous êtes, lui dit Revellière, ami de plusieurs Clichiens.

— Ami d'enfance, mais ennemi de leurs machinations.

— Il n'en est pas moins vrai que dans de telles et de si fâcheuses conjonctures, il est impossible de ne pas vous sacrifier à l'opinion.

— Voilà mon portefeuille.

François de Neufchâteau prit sa place. Au même instant, Cochon cédait la Police à Sotin, Bernadotte la Guerre à Shérer. Tous les hommes de Carnot tombaient avant leur ami et leur maître. Bénezech entré pauvre au ministère, en sortit pauvre. Il fut sous le Consulat à la demande de Sieyès, nommé inspecteur des Tuileries. Bizarre fonction pour un ex-ministre. Mais Bonaparte voulait lui donner de l'importance, il songeait à l'établissement de quelque chose qui ressemblât à une cour, il voulait des préfets du palais et traitait son inspecteur comme un grand maître d'hôtel, un grand maréchal, un majordome. Bénezech souffrait de ces vues, de ces airs, de cette position ; il obtint d'être, avec le titre de préfet colonial, attaché à l'expédition de Saint-Domingue. Il connaissait Pauline, la sœur du consul, la femme du général Leclerc ; il aimait Leclerc lui-même, il en était aimé, il crut que par son appui, il ferait valoir des droits qu'avait sa femme sur de vastes habitations de l'île. Il s'embarqua donc avec les troupes françaises, mais il mourut en 1802, avant la réalisation de ses espérances. Ses deux filles eurent par grâce insigne, une pension de 900 francs chacune ; ce fut là leur dot et le prix des longs services de leur vénérable père.

J'ai vu depuis donner des coupons de rentes viagères de deux ou trois mille francs, à des filles d'espions ou de casse-cous politiques.

Quérard n'a cité de Bénezech, qu'un compte-rendu de sa gestion du 13 brumaire an IV au 1er vendémiaire an V, imprimé in-4° à Paris, en l'an VI. Il faut joindre : 1° Ses circulaires ministérielles, et notamment celle qui tendait à empêcher en France les déboisements ; 2° des lettres insérées au *Moniteur* de l'an IV et de l'an V ; 3° son rapport sur le garde-meuble (curieux par les malversations révélées) ; 4° discours sur le commerce, prononcé dans une assemblée tenue *ad hoc*, chez le ministre des finances ; 5° rapport sur la Belgique ; 6° instruction sur les *fêtes nationales*, et sur l'esprit républicain qui doit y présider. C'était une réponse aux accusations de royalisme et une profession de foi qui ne put prévenir la démission réclamée.

Bénezech fut en l'an VI compromis dans une affaire toute d'argent, toute d'intrigue, et à laquelle, à ce double titre, il aurait bien dû rester étranger. La famille Lepelletier était à Paris fort opulente. Elle avait acheté dans le département de l'Yonne, un château dont elle avait pris le nom, le château de Saint-Fargeau, qui avait successivement appartenu à Jacques Cœur, au roi René d'Anjou, à mademoiselle de Montpensier, la grande Mademoiselle, la victime de Lauzun.

Lepelletier de Saint-Fargeau avait cinq enfants, Michel, Félix, Daniel, Amédée, Christophe. A la révolution il émigra et emmena ses trois plus jeunes fils, mais les deux aînés restèrent à Paris, et nommés députés, ils se signalèrent par leurs votes démocratiques ; à ceux qui en étaient surpris, ils répondaient : « Des hommes comme » nous ne peuvent être qu'à Coblentz ou sur la crête de la Mon- » tagne. »

Michel ayant marqué dans le procès du roi et contribué puissamment après la condamnation, au rejet de l'appel au peuple, fut assassiné par le garde du corps *Páris*, chez le restaurateur *Février*, le 20 janvier 1793, et non pas le 21, comme on le lit dans la *France littéraire*.

La mort de Michel Lepelletier jeta tout Paris dans la stupeur; David y trouva le sujet d'un tableau, qui rapidement brossé, exposé à tous les regards, excita des transports frénétiques; on le voit encore au château de Saint-Fargeau. Garat et Chénier firent des rapports, d'après lesquels les honneurs du Panthéon furent accordés à Michel, et l'adoption de sa fille Suzanne-Louise, par la nation, décrétée d'enthousiasme.

Cette fille avait huit ans, elle grandit, et quand elle en eut seize, elle voulut se marier à Jean-François de Witt, qui en avait dix-neuf, et qui descendait de Witt, que le duc d'Albe avait fait décapiter, en 1568, à Amsterdam, comme ayant repoussé la tyrannie de Philippe II; qui descendait aussi de Witt, le premier homme d'État de son temps, grand pensionnaire de Hollande, massacré en 1674, dans les prisons de La Haye, par les stipendiaires du Stathouder, dont il contrariait et flétrissait les usurpations.

Félix Lepelletier et Amédée son père, revenus d'émigration, s'opposèrent au mariage. Ils écrivirent au Directoire, ils écrivirent aux *Cinq-Cents* et aux *Anciens;* une commission fut nommée au premier de ces conseils, et le rapporteur Chazal, dans un plaidoyer tout en faveur du mariage projeté, s'écria en pleine tribune, à propos de deux lettres de sursis que Bénezech avait adressées à la municipalité du 8ᵉ arrondissement de Paris.

« Ces deux lettres sont des lettres de cachet, dignes d'un Saint-
» Florentin! des lettres de cachet! des lettres de cachet! Lancées,
» obéies, l'an ix de la chute de la Bastille et de la liberté conquise,
» l'an v de la République, l'an ii de notre constitution! Qu'on ne
» s'étonne plus si Bénezech mérita aux yeux des agents de Blac-
» kembourg d'être conservé ministre de la monarchie restaurée, au
» poids de laquelle il préparait si bien la nation! Que n'eût-il fait
» à l'abri du trône! Les gens du roi devaient déplorer sa perte! Sa
» chute fut une calamité royale! mais il est frappé, il l'était avant
» le 18 fructidor, fructidor a fait justice des esclaves municipaux,
» qui étaient à ses ordres. L'indignation se porte et se concentre toute
» entière sur les solliciteurs impunis.... »

Ces solliciteurs étaient les oncles de la fiancée, ils firent imprimer un pamphlet virulent en réponse au rapport de Chazal. La discussion fut reprise au corps législatif. On disait qu'il y avait séduction, que madame Halm, institutrice de Suzanne, l'avait vendue à la famille de Witt; on disait que M. de Witt était un banqueroutier;

que madame de Witt était une baronne anglaise, ennemie de la France ; on disait qu'il était fort douteux que ces Witt descendissent des patrons fameux de la république Batave. Les répliques à ces outrages ne manquaient pas, et les Lepelletier étaient sans ménagement, traités d'usuriers, de libertins et de faussaires.

Je tire du dossier, une lettre de la jeune fille exposée sans pudeur au cynisme de ces débats : « Un libelle injurieux et mensonger est » distribué aux législateurs, mes juges. On y avance que mon choix » pour Jean-François de Witt n'est pas libre ; et moi je déclare que ce » choix n'est dû qu'au caractère honorable de celui qui en est l'objet; » je déclare que ma volonté s'est déterminée par l'éducation que m'a » donnée mon père, par les principes que j'ai reçus de lui. Je ne cède » ni à suggestions ni à faiblesse. Je l'ai dit au Directoire ; je le répète » aux représentants de la nation : mon désir est d'avoir un sort heu-» reux, et je compte fermement l'obtenir par un mariage où toutes » les convenances sont réunies. »

Le tapage continua pendant un mois, à la fin les noces furent célébrées. Witt épousa Suzanne. Bénezech fut lavé des reproches d'arbitraire et de despotisme. Les présidents des deux conseils signèrent au contrat comme témoins, et puis par un revirement à coup sûr fort étrange, le mari étant mort, sa veuve, madame de Witt, épousa un de ses cousins, Lepelletier de Morfontaine, et rapporta à sa famille des trésors qu'on avait tant gémi de lui voir enlevés.

Je m'étonne que nos feuilletonistes n'aient pas exploité cette *cause célèbre*, et ne l'aient pas jetée à la face des bouquetières et rentières, des femmes d'avoués et de sabotiers qui s'alimentent à leur échoppe.

Toute l'époque que je parcours est dramatique. Une réflexion cruelle me vient à l'esprit, et je ne vous cacherai pas le saisissement et l'effroi que sourdement elle me donne. Pesez bien ceci : à peine les échafauds de la Convention furent-ils à bas, que la contre-révolution redressa la tête. A peine Robespierre fut tombé, que les royalistes s'emparèrent des journaux, des cafés, des issues : « il nous faut un roi, ne fût-il pas plus gros que le pouce ! » C'était le refrain gentil de la jeunesse dorée. On le disait chez Garchi, on le répétait au pavillon de Hanovre. Les monarchiens, et *oreilles de chien*, entrèrent dans les bureaux, dans les états-majors, dans les fournitures, dans les conseils, ils défilèrent à la parade, ils s'élancèrent à la tribune, et pour sauver la République, il fallut (Carnot me l'a dit lui-même) le coup d'Etat du 18 fructidor.

Carnot le voulait autrement que Revellière, Carnot le voulait avec les généraux, Revellière, sans eux et contr'eux, c'est là toute la différence.

Revellière et Carnot avaient longtemps marché d'accord. Alors le Directoire avait de la dignité, de la force. Il avait pris avec le dehors, une attitude fière et hautaine, qui faisait trembler le cabinet de Saint-James. L'Angleterre muselée, menacée, s'en vengea, et acheta tout ce qui voulut se vendre; l'Europe et la France furent semées d'émissaires, d'agents, de conspirateurs, qui mirent tout en question et en alarmes.

Tous les chefs de nos troupes furent circonvenus, plusieurs furent séduits. Nous avions Pichegru, Hoche, Moreau, Bonaparte. On les brouillait entr'eux, on les brouillait avec le Directoire. Un matin, la mèche fut découverte, et la statue de la Liberté, un moment voilée, sortit encore une fois radieuse du sein des nuages.

J'ai lu un billet de Bonaparte, billet unique, billet écrit de Milan aux trois directeurs victorieux : « Vous étiez enveloppé de prêtres » et d'émigrés, d'anciens proscrits, déportés, rayés des listes; » c'était là qu'était le péril ! Ils sapaient tout, empoisonnaient tout, » et votre sagesse profonde a extirpé le mal, en expulsant de nou- » veau du sol français tous ces machinateurs de plans liberticides. »

J'ai lu ce billet et je l'ai comparé aux décrets de l'empereur et roi, de ce monarque inouï, qui appelait l'abbé Bernier dans ses conseils, qui faisait bénir ses couronnes par le pape et ses nonces, qui prenait des évêques dans la noblesse insermentée, qui s'en fiait aux curés de l'instruction régénérée des campagnes, comptait sur leurs prônes pour l'affermissement de sa dynastie, et semait les clés de chambellan, semait les pensions, les cordons, les épaulettes, parmi les rejetons et coryphées de l'aristocratie et de la régence.

Napoléon oubliait ce qu'avait écrit Bonaparte. Elevé à Brienne, il avait lui aussi ses préjugés et sa marotte. Il voulait refaire Charlemagne et Louis XIV. Il se flattait d'amener à lui l'émigration et le sacerdoce. Il se croyait plus fort que le Directoire. Trompé, dupé, livré, il y revenait encore dans les Cent-Jours, et Carnot lui criait à son tour : C'est là qu'est le péril !

Averti par cet ami fidèle, l'empereur n'en admit pas moins dans son armée, un nombre infini d'officiers de tous les degrés qui ne cachaient pas leur antipathie pour ce qui était et venait de la révolution. Il aimait à se voir entouré de gentilshommes, il voulait des marquis, des comtes, et il en faisait quand il n'en avait pas de tout faits. Le 15 juin pourtant, quand il apprit la fuite de Bourmont, de Clouet et de bien d'autres, quand il vit ses plans déconcertés, l'ennemi instruit de sa marche, de sa direction, de ses forces, et l'issue de cette grande lutte désormais indécise, il dit à Ney : « les Bleus » seront les Bleus; les Blancs seront les Blancs! » mais il était trop tard!

Carnot, en l'an v, fut fructidorisé avec les royalistes. Il a expliqué lui-même sa conduite et sa vie. Je vous engage à le lire. Seulement je vous conterai qu'en 1815, après Waterloo, sous le gouvernement provisoire, que présidait Fouché, et dont Carnot, Caulain-

court, Grenier et Quinette étaient membres; après la seconde abdication, dans le plus affreux de la crise, quand tout (comme disait le
peuple) alloit à la débandade, des hommes influents, des députés,
se réunirent à l'hôtel Conti, pour délibérer sur les mesures à prendre. Davoust qui commandait les troupes à Paris et autour, fut
appelé; Carnot était présent, on lui dit: « Faites-vous dictateur,
» nous avons besoin d'un pouvoir fort, et qu'importe le nom?
» faites-vous roi! »

— Qui? moi?

« — Nous sommes tous à vos ordres. Il n'y a pas de temps à per-
» dre. Fouché trahit, tuons-le. Soulevons le pays, sonnons le toc-
» sin, lâchons les lions, chassons l'étranger, main-basse sur tout,
» aux armes, aux armes! Dévouez-vous, Carnot! Sauvez la Révo-
» lution et la France! »

Un aide-de-camp s'offrait d'aller aux Tuileries et de frapper Fouché, sans répit, sur l'heure. Je l'ai vu, je l'ai entendu. On vint à l'hôtel Mortemart, qui dépendait du ministère, et tout un jour fut plein
de ces agitations, et de ces scènes. Carnot ne consentit pas à prendre sur lui une responsabilité aussi terrible. C'était le 30 juin. On
trafna jusqu'au 3 juillet. Ce jour-là Wellington signa la capitulation
de Neuilly. Nous étions encore au ministère, et le 8, à sept heures
du matin, M. Carnot, en faisant les cent pas dans la galerie Verte,
avec Feulins, son frère, me donnait des instructions sur des branches
diverses de l'administration générale. A midi, ayant reçu les passe-
ports qu'il avait demandés, il me tendit la main et me dit: *Adieu,
je ne vous reverrai plus*. Je l'embrassai, il partit, et j'expédiai ses
ordres jusqu'à trois heures. Paris était debout. Mes amis étaient
inquiets, ils vinrent me chercher en voiture. Nous descendîmes la
rue Belle-Chasse et longeâmes le quai. Au bas du Pont-Royal, un
factionnaire nous cria: « On ne passe pas! » Nous mîmes pied à
terre et continuâmes par le Carrousel, où il n'y avait pas de foule.
Mais quand nous eûmes dépassé l'arc-de-triomphe, nous vîmes dé-
boucher par le guichet de la rue de l'Echelle, le Roi, qui revenait
de Gand, escorté de volontaires en frac et d'aumôniers en calèche.

Dans le groupe empanaché et galonné qui suivait le *Désiré*, ca-
racolait sur une belle jument noire, le dernier des Saint-Fargeau,
ardent et preste, sorti de l'armée de Condé et qui était lieutenant
des compagnies rouges.

Les règlements et les discours. — Treilhard et Lacépède.

Le 29 brumaire, l'Institut était mis sur pied, et commençait sa
marche triomphale. Mais il lui fallait des règlements intérieurs;
on règlementait tout, on ne va point sans guide, j'allais dire sans

guide-âne, car le savant, pas plus que l'idiot, ne fait rien qu'on ne l'avertisse, qu'on ne le pilote, qu'on ne le pousse, qu'on ne le retienne, qu'on n'indique l'heure des messes pour l'un, des séances pour l'autre ; l'heure de l'arrivée, l'heure de la sortie, l'heure des scrutins, des sermons, des harangues. On remplace le clepsydre par l'horloge, afin que les bavards se taisent, et que les impatients se calment.

Il y eut donc un règlement pour l'Institut. Cherchez dans les cartons, et demandez-le à Cardot ou à Pingard ; il est sur les registres et je l'y laisse. Il faut ailleurs fouiller pour avoir les discours du premier pluviôse an IV, quand le conseil des Cinq-Cents vit Lacépède se présenter à sa barre, et se dessiner comme orateur d'une députation scientifique et littéraire, qui ne faisait guère ce jour-là que de la plus salée des politiques.

Discours de Lacépède.

» L'Institut national des sciences et des arts vient vous présenter
» le règlement qu'il a fait pour son établissement. Il s'est, dans ce
» règlement, conformé à l'esprit de la loi de sa création, et s'est
» donné les formes de la liberté si chère et si nécessaire aux arts.

» Trop longtemps la science et les arts, naturellement fiers et
» indépendants, ont porté le joug monarchique dont leur génie n'a
» pu les préserver et que le courage du peuple à seul pu briser.
» Aujourd'hui la liberté protège les lumières, et les lumières feront
» chérir la liberté. Les membres de l'Institut ne connaîtront entre
» eux d'autres liens que ceux de la fraternité. La gloire et la prospérité de la France feront l'objet constant de leurs travaux.

» L'Institut national des arts nous a chargés de prêter, en son
» nom, dans votre sein, le serment que nos collègues prêtent au
» milieu de leurs concitoyens : *Nous jurons haine à la royauté !*

Réponse de Treilhard, président du conseil des Cinq-Cents.

» Malgré les calomnies des partisans de la royauté, les fondateurs
» de la république n'ont cessé de protéger les arts. L'établissement
» qu'ils ont formé pour eux au sein des orages de la révolution,
» atteste par ce qu'ils ont fait, de ce qu'ils eussent voulu faire ; ce
» qu'ils eussent fait dans des temps plus tranquilles. Ils ont assis
» la république sur deux bases inébranlables: La Victoire et la Loi.
» Une troisième base non moins nécessaire est l'instruction publique. C'est à l'Institut national à la poser, et désormais les lumières
» et le courage, la victoire et les arts concourront à l'envi à assurer
» la gloire, la prospérité et la liberté de la France. »

Il partit de la salle et des tribunes un tonnerre d'acclamations.

Le marquis de Paroy, dont j'ai, le mois dernier, dans une lettre à Champollion, donné les cris, les attaques, les injures, aurait bien dû citer ces discours, quand il conjurait Louis XVIII et ses ministres de détruire l'Institut, selon lui infâme.

Suard, qui provoquait sournoisement la destitution des anti-monarchiques, cachés sous le manteau semé d'abeilles, aurait dû, par Vaublanc, faire exclure Lacépède.

Mais si l'on faisait sous la Restauration (de funeste mémoire) un grand étalage de principes, il est vrai de dire qu'on n'en voulait au fond qu'aux places et aux personnes.

Entre les personnes, on choisissait. On pourchassait celles-ci, on épargnait celles-là, selon les renseignements de la police académique. Lacépède avait fait sa paix, il était rentré en grâce. Sa politesse, (que je vous supplie de ne vous point blesser de mes termes! Dieu m'a donné la parole non pour cacher ma pensée, mais pour la dire; et j'y vais de franc jeu, avec le premier mot venu, sans mâcher la phrase) sa politesse était passée en proverbe: obséquieuse, fadasse. Il eût écrit sur du papier de senteur à une catin; il eût parlé chapeau bas à un ivrogne. Ce travers fut pour lui une planche de salut; ceux qu'il avait si bien traités furent ses amis; il en eut des milliers, et pas un ennemi. Le beau privilège! heureuse nature! il avait renoncé aux idées d'égalité et de république. De bonne maison, de *qualité*, comme on eût dit jadis, il fut comte de la nouvelle fabrique, et ce qui valait mieux, il eut les hautes fonctions de grand chancelier de la Légion d'Honneur, qui du moins celles-là ne passaient pas pour vénale. Lacépède qui se montrait digne en tout de cette position, la perdit sous les Bourbons, et ne daigna pas s'en plaindre. Éclipsé comme politique, diplomate et publiciste, il s'était rejeté sur les serpents, les boas, les dragons-volants; et si bien avait-il fait que ceux de l'Institut, ceux de la cour, ceux de l'église le laissaient en repos, ne sifflaient pas sur lui, et que les scorpions et vampires ne le piquaient pas de leurs dards envenimés.

Je place ici une lettre qu'il écrivit le 14 mai 1820, à un ancien commissaire ordonnateur, qui avait voulu lui vendre un bijou de prix, afin de payer des engagements qu'un fils prodigue avait signés dans un tripot tenu, boulevard Montmartre, par deux marquises.

« Monsieur,

« Je m'empresse de répondre à la lettre que vous venez de me
» faire l'honneur de m'écrire. Je suis beaucoup plus affligé que je
» ne pourrais vous l'exprimer, Monsieur, de la position de M. votre
» fils. Mais comment pourrais-je lui prêter la somme qui lui serait
» nécessaire, lorsque je suis encore si éloigné d'avoir achevé de

» payer les dettes que j'ai dû contracter pendant que je remplissais
» les fonctions de grand chancelier.

» Je ne puis que vous prier d'accepter de bien vifs regrets.

» Je ne suis pas en état d'acheter votre belle Calcédoine. J'ai cru,
» d'ailleurs, dès le moment où j'ai été attaché au jardin du roi,
» devoir m'interdire, à l'exemple de mes illustres amis, Buffon et
» d'Aubenton, la possession de collections d'histoire naturelle. J'ai
» l'honneur, en conséquence, de vous renvoyer cette pierre. Ayez la
» complaisance d'en donner un reçu au porteur de ma lettre.

» Veuillez bien agréer la nouvelle assurance de dévouement avec
» lequel j'ai l'honneur d'être,

» Monsieur,

» votre très humble, et très obéissant
» serviteur,

» B.-G. E.-L. comte de LACÉPÈDE. »

J'aime assez cette idée de n'avoir pas une collection à soi quand
on est chargé d'un dépôt public ; c'est un désintéressement dont
personne ne vous sait gré, mais qui, pour cela, ne manque ni de
parfum ni de charme.

J'aime ce grand dignitaire qui sort de fonctions les mains vides,
et passe son temps d'exil à payer ses créanciers. Il fit non des éco-
nomies, mais des largesses. C'est une bonne réponse à ces miséra-
bles égrefins qui n'ont jamais fait à l'État le sacrifice d'une pis-
tole, et qui déblatèrent en écumant contre les *employés*, *les sa-
lariés et les sangsues !*

L'Institut avait mis bas le démocratisme. Il jouait lui aussi, aux
décorations et aux palmettes ; il avait fait tout entier volte-face.

Il suivait le torrent ; il a continué depuis, et a toujours fait de
même. Il a été au gré des vents, directorial, consulaire, impérial,
bourbonnien, branche aînée, branche cadette, avec les allocutions,
compliments et serments d'usage. O quelle flexibilité ! quel protée !
à qui la faute ? pourquoi le blâmer ? Il a fait comme nous, comme
les plus honnêtes gens. Qui ne plie pas, rompt. La souple agilité est
la condition de toute existence longue. S'il est beau de mourir pour
une idée, il n'est pas laid, et souvent il est plus utile, et du moins
plus sûr de vivre pour elle, pour la propager, la répandre. S'il y a
les maximes de Zénon, celles d'Épicure, celles des philosophes
affirmatifs, bâtis à chaux et à sable pour ne douter de rien, ne
céder sur rien, il y a aussi les aphorismes de la secte académique et
ses préceptes, qui sont *plus conciliants et moins stériles.*

Croyez-vous que j'approuve les pytagoriciens, si entêtés pour les
dogmes du maître, qu'ils faisaient les funérailles de ceux de ses

disciples qui renonçaient à sa métempsycose et à ses nombres? Tout ce qui cessait de croire était mort. Oh ! je n'ai de confiance si robuste en qui et en quoi que ce soit. Que de gens qui disent *je crois*, et qui ne croient pas ; que de gens qui disent : *croyez*, et qui ne savent pas le premier mot de ce qu'ils prêchent ! Perroquets gris ou verts, à queue blanche ou rouge, qui répètent en mordant. à la foule hébétée, ce qu'ils ont appris de quelque geai ou de quelque merle. Voyez où nous irions, si nous nous enfoncions dans la secte italique : Figurez-vous des camaldules, qui, à l'imitation de l'antique fanatisme, sortiraient en pompe, avec la croix et le goupillon, pour faire les obsèques de l'auteur *des Paroles d'un croyant*, ci-devant de l'*Essai sur l'indifférence !*

Loin de nous ces singeries ; revenons à l'Institut. S'il courbe sur un point, il se redresse sur d'autres. Pour un méchant exemple qu'il donne, il offre sous mille faces d'admirables modèles. L'Institut est pour moi la fleur des pois, il est la gloire du pays, la flamme européenne, le phare du monde ; y toucher c'est toucher à l'arche-sainte. Ses ennemis sont les ennemis du genre humain. C'est là toute ma pensée, et les traits que parfois je lance contre quelqu'une de ses parties, les critiques de détail que je hasarde, n'ôtent rien de cet amour que pour lui, en gros, j'affiche et professe, et qui se fonde sur le sentiment que j'ai de la hauteur de son but, de la grandeur de ses desseins, de l'étendue de ses services ; n'ôtent rien de ma reconnaissance pour l'appui qu'il prête à tout ce qui veut et ose librement vivre, parler, écrire et chercher de bonne foi cette vérité auguste, que nul ne trouve !

J'ouvre plus que je ne découvre : mot de Phérécydes, qui vivait il y a plus de vingt siècles. On raconte de dix manières la mort de ce philosophe, et à propos de la version qui le fait se précipiter du haut du mont Corycius, en allant a Delphes, l'abbé Feller dit : » Il est à remarquer que la mort des anciens sages est toujours » empreinte d'un grain de folie. »

Feller n'en dit pas autant des moines ; il n'en dit pas autant des princes qui mouraient encapuchonnés, pour éviter les tisons et l'enfer, et aller tout droit en Paradis.

Voltaire écrivait au marquis de Villette : « Un cavalier de ma-» réchaussée en impose plus à lui seul, que les trois furies et le » vautour de Prométhée. » Mais ce qui était bon pour Ferney ne l'est pas pour tous les pays. On me parlait d'une Angevine qui, menacée du purgatoire, s'est mise tout récemment au lit avec la fièvre. Femmes, princes, moines, sages, tout cela par le fait est quelquefois bien fou.

Empédocle se jeta dans l'Etna bouillonnant, afin de se faire passer pour dieu. C'est le récit des rieurs, qui ajoutent que ce fut peine perdue, puisqu'au pied d'un orme, on trouva ses pantoufles. Mais le petit fils d'un fossoyeur de Caen, Tannegui Lefèvre, devenu si habile au collège de La Flèche, si bien en cour sous Louis XIII, et puis abandonné par le cardinal de Richelieu, qui le réduisit à vendre sa chère bibliothèque, le plus grand dégoût que puisse éprouver un homme de lettres; Lefèvre qui se fit calviniste, professa à l'Académie de Saumur, et fut le digne père de la savante Mme Dacier; Lefèvre, si coquet dans sa toilette, et si grand amateur des œillets et des roses, a réfuté les assertions qui faisaient de l'Aggrigentin, un imposteur, et a fait voir clairement que tout ce qu'on disait de sa fin n'était qu'une fable.

L'Institut et les amputés.

La guerre ne se fait pas sans qu'il ne reste sur le champ de bataille bien des patriotes à côté des ennemis. Que de têtes enlevées par des boulets ronflants; que de ventres percés de part en part, que de bras cassés, de jambes fracassées par les biscaïens, les balles et la mitraille; que de sang versé pour des querelles odieuses!

Que servent, ô Pascal, les lueurs de ta raison? que servent, ô Rousseau tes plaintes éloquentes? On se bat pour la raison, comme aussi on se bat pour l'amour; pour la religion, pour l'argent, pour l'honneur, comme on se bat pour des prunes, et ce n'est pas un vain mot : une vallée fleurie, une plaine fertile, des arbres chargés de fruits odorants tentent les barbares, et voilà des irruptions qui couvrent la terre de viol, de deuil, de larmes et de ravages abominables.

On se battait pour la liberté, sous la Convention, sous le Directoire; on voulait être maître chez soi, et jamais guerre assurément ne fut plus juste. Cependant le canon faisait sa trouée, le sabre tranchait. Il y avait des plaies hideuses. Pour ceux qui en mouraient, un grand trou était fait qui engloutissait les pertes. Mais pour ceux qui survivaient, qui étaient estropiés, qui n'avaient plus qu'un œil, qu'une main, qu'un pied, qu'une moitié de corps, il fallait des moyens de vivre.

Carnot qui voyait le mal, voulut y apporter remède; en l'an IV, au mois de floréal, le onze, ayant la présidence du Directoire, il rédigea un arrêté, dont je copie pour vous, les considérants et les articles :

Liberté.   Égalité.

« Le Directoire exécutif, considérant que les événements de la guerre ont mis plusieurs citoyens français dans l'impossibilité de se servir pour exercer leur industrie, des instruments et des métiers imaginés par et pour des artistes qui ont l'usage de tous leurs membres;

« Considérant qu'un des premiers devoirs de tout gouvernement libre, est de faire naître et d'entretenir l'amour du travail, et de fournir à tous les citoyens, et principalement à ceux qui ont souffert par leur dévouement patriotique, les moyens de bannir loin d'eux l'oisiveté, toujours corruptrice, et de trouver, dans leur industrie, la faculté de se mettre à eux seuls au dessus du besoin, sans dépendre de qui que ce soit;

Arrête :

Article 1er.

» L'Institut national des sciences et des arts est invité à s'occuper le plus promptement possible de la confection d'un tableau indicatif des arts, professions et métiers auxquels peuvent se livrer les citoyens privés d'un ou de plusieurs de leurs membres, et à examiner s'il ne serait pas possible de faire aux procédés et instruments employés dans les arts des changements qui les rendissent praticables, ou d'un usage facile à ces mêmes citoyens.

Art. 2.

» Le ministre de l'Intérieur mettra à la disposition de l'Institut national, sur les fonds destinés à l'encouragement des sciences et des arts, les sommes nécessaires aux expériences et travaux qu'exigeront les recherches demandées par le présent arrêté, qui sera imprimé. »

———

Carnot parlait de *plusieurs citoyens* privés de leurs membres. Il aurait pu dire : *un grand nombre*. Dans nos premières campagnes, l'inexpérience des jeunes soldats faisait qu'il en tombait par milliers dans les combats, les redoutes, les embuscades, et qu'il en venait des charretées aux hôpitaux et ambulances. Ces mutilés manquaient de pain. L'hôtel des Invalides d'abord compris dans les réformes, puis réhabilité, ne suffisait pas. Il fallait d'autres ressources. Ampliation de l'arrêté fut remise à Ginguené, directeur de l'instruction publique. Il la fit passer à la première classe de l'Institut, et là Monge et Prony, de la section de mécanique ; Desessarts et Sabatier, de la section de médecine et de chirurgie ; Thouin et Gilbert, de la section d'économie rurale ; Bernardin de Saint-Pierre et Mercier, de la section de morale, furent chargés de dresser un projet et un tableau pour répondre aux vœux du Directoire.

L'amour du travail recommandé par Carnot, était une censure de l'oisiveté permise aux invalides. On voulait de l'activité toujours et partout. On craignait pour l'amputé le *far-niente*, le cabaret et le vice. *Travaillez, travaillez*, c'était le cri d'égalité , le cri des villes et des camps : *Travaillez, travaillez pour la famille et la patrie !*

Le plan de l'Institut consistait à disposer pour les militaires , forcés de quitter les drapeaux , tous les emplois auxquels ils étaient propres , selon leur grade , leur âge , leurs facultés intellectuelles, leurs études : aux uns les places de gardiens , de surveillants , de facteurs ; aux autres les fonctions de commis , d'instituteurs , de conducteurs , d'archivistes.

Les principes furent posés , mais on n'en tira pas les conséquences. Il y avait pourtant là une vue profonde , et d'une moralité évidente. Cette république fondée sur la base du travail , toutes les forces prudemment distribuées dans les ramifications de l'arbre social : c'était une grande pensée ; et qui devait être féconde.

Malheureusement celui qui l'avait eue fut exilé , et avec l'ouvrier périt l'ouvrage.

Costume des membres de l'Institut.

Les membres des anciennes académies n'avaient point de costume obligé. Chacun venait aux séances dans l'habit de sa profession ou de son choix ; habit ecclésiastique ou habit de cour ; habit militaire ou habit bourgeois, habit noir ou vert, habit long, habit court, tout dépendait de l'humeur , de l'âge, de la fortune.

A l'organisation de l'Institut, il ne fut point question de costume, et l'on s'en passa pendant cinq ans. Mais quand vint le premier consul, il s'étonna que le corps où il entrait n'eût pas d'uniforme ; il dit un mot, une commission fut formée, elle se composa de cinq membres : Camus, président, (qui publia le Livre Rouge) Cels , Peyre , Vincent , Joachim Lebreton.

Sa résolution fut rédigée en ces termes :

« La commission des fonds réunie aux artistes ses confrères pour
» délibérer sur le costume de l'Institut, arrête que le costume sera
» proposé au gouvernement ainsi qu'il suit :

» Il y aura grand et petit costume.

» Le grand costume sera habit, gilet, culotte ou pantalon noirs.
» L'habit sera brodé d'une branche d'olivier, couleur vert-foncé.

» Le petit costume sera habit noir avec broderie seulement au
» collet et sur le parement de la manche, et baguette sur le bord de
» l'habit. Le tout de même dessin et couleur qu'au grand costume.

» Le petit costume est le seul de rigueur. Il ne sera pas néces-
» saire de se pourvoir du petit costume, lorsque l'on aura adopté le
» grand , l'un des deux suffira.

« Arrêté le 4 ventôse an IX. »

Sur cette proposition il fut pris un arrêté consulaire , dont je rapporte la teneur, qui diffère quoique légèrement de l'avis de la commission et le complette.

« Du 23 floréal, an IX de la République française, une et indivisible.

« Les consuls de la république, sur le rapport du ministre de l'Intérieur, et sur la proposition de l'Institut national, le conseil d'Etat entendu,

» Arrêtent :

ARTICLE 1er

» Il y aura, pour les membres de l'Institut national un grand et un petit costume.

ART. 2.

» Les costumes seront réglés ainsi qu'il suit :

» *Grand costume*. — Habit, gilet ou veste, culotte ou pantalon
» noirs, brodés en plein d'une branche d'olivier, en soie, vert-foncé;
» chapeau à la française.

» *Petit costume*. — Même forme et couleur, mais n'ayant de bro-
» d·rie qu'aux collets et aux parements de la manche, avec une
» baguette sur le bord de l'habit.

Le premier consul : BONAPARTE.

Le secrétaire d'État : HUGUES B. MARET.

Le ministre de l'Intérieur : CHAPTAL.

Cet arrêté n'était pas pris à la légère. Le consul *visa* la proposition de l'Institut, et ne signa pas seulement sur le rapport de son ministre, mais après avoir exigé que le conseil d'Etat eût donné son avis. Toutes les formalités étaient observées comme il convenait pour un règlement d'administration publique.

Le costume a subi quelques changements. L'habit primitif était à *revers*. On lui trouva, sous l'empire déjà, surtout à la restauration, quelque chose de républicain, qui ne semblait pas devoir être toléré. On supprima les revers, et on fit un *habit droit*, à la française. La veste qui était noire et en drap, un peu lugubre, au dire des membres jeunes et élégants, devint blanche et de satin. La première broderie était étroite, elle parut mesquine, on l'élargit et on la fit régner à la jarretière et aux poches. Tout cela se fit par convention tacite, sans la griffe du gouvernement, sans le cachet ministériel ; le costume légal a donc fléchi, et celui du jour est de contrebande. Il n'y a point eu de permission, il n'y a pas eu non plus d'opposition. On a laissé les choses aller leur train, mais j'y vois de l'inconvénient, et je voudrais qu'on dessinât exactement le costume actuel, qu'on le paraphât régulièrement, et qu'on le déposât au secrétariat, au ministère, à la bibliothèque du roi , au cabinet des estampes, afin qu'il servît à l'avenir *d'étalon* , de modèle , et que rien de ce qui concerne l'Institut ne fût livré à la fantaisie et au caprice.

Présentations à l'empereur.

La lettre que Bonaparte écrivit à l'Institut quand il fut élu membre de la 1ʳᵉ classe, celle des sciences physiques et mathématiques, a été insérée au Moniteur, mais vous ne l'avez pas lue à Londres, et je crois , pour vous , mon cher ami, à propos de la reproduire.

Le général Bonaparte, au président de l'Institut national des sciences et des arts.

Paris, le 6 nivôse, an VI de la République française , une et indivisible.

« Citoyen président ,

» Le suffrage des hommes distingués qui composent l'Institut m'honore. Je sens bien qu'avant d'être leur égal, je serai longtemps leur écolier. S'il était une manière plus expressive de leur faire connaître l'estime que j'ai pour eux , je m'en servirais.

» Les vraies conquêtes, les seules qui ne donnent aucun regret , sont celles que l'on fait sur l'ignorance. L'occupation la plus honorable comme la plus utile pour les nations, c'est de contribuer à l'extension des idées humaines. La puissance de la république française doit consister désormais à ne pas permettre qu'il existe une seule idée nouvelle qu'elle ne lui appartienne.

» BONAPARTE. »

L'hommage était grand , la soumission était complète ; mais le général devint consul, le consul se fit empereur, et les relations entre le souverain et l'illustre corps se modifièrent. J'ai raconté les changements survenus dans le nombre et la distribution des classes, des fauteuils, des crédits, des distributions; j'en suis maintenant aux *présentations*, plusieurs d'entre elles amenèrent des faits piquants.

Le ministre de l'Intérieur prenait les ordres de l'empereur sur le jour et l'heure de la réception. Il présentait les bureaux des classes, puis les mémoires , puis les nouveaux membres élus.

En 1809, les membres élus étaient pour la 1ʳᵉ classe, Arago , pour la 3ᵉ Clavier, Gail, Caussin de Perceval ; pour la 4ᵉ Ménageot et Lemot. La 2ᵉ classe n'avait pas eu d'élection dans l'année. L'empereur dit un mot obligeant à chacun, même à Gail, dont la science a été depuis pulvérisée, mais qui passait alors en grec pour un colosse !

En 1810, les élus étaient : à la 1re classe, Beautemps-Beaupré, Malus, Thénard ; à la 2e, Népomucène Lemercier, Saint-Ange, Esménard ; la 3e et la 4e n'avaient pas fait d'élection. L'empereur s'approcha de Lemercier et lui tendit la main en récitant les premiers vers *d'Agamemnon* ; il loua Saint-Ange de ses métamorphoses traduites, et ne dit pas un mot à Esménard, qu'il savait élu par l'influence de Fouché, et dont le caractère ne lui inspirait que du dégoût, quoiqu'il le servît de sa plume moyennant de bons gages.

Le fils de Saint-Ange a été vélite et capitaine ; il a gagné la croix d'honneur en Espagne, par un trait de présence d'esprit et de courage que les bulletins ont signalé. Il est spirituel, instruit, mais bizarre au dernier point.

Je lui ai vu pour sa mère un grand respect, beaucoup de tendresse aussi ; quant aux autres femmes, il n'avait pour elles qu'une estime médiocre, tout en se montrant fort doux et fort servable pour les filles de théâtre qui avaient besoin qu'on soutînt leurs débuts.

Il écrit dans les journaux. Il a fait au *Messager* les articles si remarqués du siége d'Anvers, en 1832 ; il est à présent chargé des *faits-Paris* au *Journal des Débats*. Allez rue des Prêtres Saint-Germain-l'Auxerrois, numéro 17, prenez l'escalier à droite, montez au premier, vous trouvez une porte qui, au coin, a une chatière, c'est là, tournez le bouton, entrez dans l'antichambre, puis la chambre, un grand désordre, du bois, du feu, des bottes, des livres, des gravures et, au fond de la pièce, un châssis entr'ouvert. Derrière apparaît la silhouette d'un homme étendu tout de son long sur un lit sans rideaux. Il est huit heures, bien, attendez, asseyez-vous sur ce velours fané, laissez passer cet homme au bonnet de papier, c'est le prote qui vient pour l'édition du matin. Voilà les extraits de la correspondance générale, les journaux anglais, les épreuves de la *Gazette d'Augsbourg* ; voilà les billets confidentiels du baron de, du comte de, de la marquise de ; tout cela est composé, annoté, commenté ; il y a *l'en-tête* et *l'en-queue* de chaque nouvelle, et le tout partira pour édifier la province, à la minute.

Cela fait, Saint-Ange est à vous. Il a le front serein, l'œil vif, la langue bien pendue. Il écoute, il répond, s'intéresse, s'amuse ; il est parfois goguenard, toujours anecdotier, point méchant, point dupe, revenu de tout, vivant de peu, de bonnes choses, en joyeuses compagnies ; veillant toutes les nuits, donnant le *bon-à-tirer* à deux heures du matin et dormant ensuite jusqu'à ce que sa chatte vienne gratter à sa vitre et lui dire en son miaulement : « Bonjour maître, j'ai faim. »

En 1811, les élus de la 1re classe étaient Rossel, Corvisart, Deschamps ; ceux de la seconde, Châteaubriand, Parseval-Grandmaison, Étienne, Charles Lacretelle ; à la 3e, Amaury Duval ; à la 4e, Fontaine et Lecomte.

Trois des élus de la 2e classe écrivirent le 22 novembhre, au comte de Montalivet, ministre, en ces termes : « Monseigneur, l'intérêt
» que Votre Excellence témoigne au corps littéraire qui vient de
» nous appeler dans son sein, nous fait espérer qu'elle voudra bien
» nous favoriser dans un vœu que nous formons ; c'est celui d'être
» présentés à Sa Majesté, ainsi que le sont ordinairement les nou-
» veaux membres de l'Institut. Jamais un plus grand honneur
» n'aura pu être accordé à des cœurs plus reconnaissants, à des su-
» jets plus dévoués. Nous espérons, Monseigneur, que si Sa Majesté
» accueille notre vœu, Votre Excellence voudra bien nous trans-
» mettre ses ordres.

» Nous sommes avec un profond respect, Monseigneur, vos
» très humbles et très obéissants serviteurs.

» C. LACRETELLE, ÉTIENNE, PARSEVAL. »

L'audience fut demandée et obtenue. Mais le quatrième élu, où était-il ? que faisait-il ? Pourquoi ne s'unissait-il pas à ses confrères, ou pourquoi marchaient-ils sans lui ? Cet élu était M. de Château-briand. Son histoire a été faite par tous les gloriographes, exploi-teurs de renommées et par lui-même. Elle est dans tous les cœurs, dans le mien, dans le vôtre, à quoi bon y revenir et qu'ai-je à pein-dre ? Le vicomte est petit, une belle tête, les épaules un peu fortes ; élégant jadis, plaisant aux femmes, ne vivant que pour elles, sans pourtant faire mine de beaucoup y songer. A présent cassé, ridé, chagrin ; ne parlant que du tombeau. Mais que fait le corps ? C'est l'âme ! Ce n'est pas ici un homme, mais un esprit. Il a écrit douze et quinze heures par jour. Il a écrit la nuit, en route, en mer, comme Pline, mieux que Pline. Tous les grands sujets l'émeuvent ; il courait les forêts d'Amérique et voguait sur les fleuves, amassant des teintes pour Atala. Il apprend le départ du Roi pour Varennes, il haît l'émigration et il arrive en hâte pour se joindre à elle ; il va au siége de Thionville, contre la France, il est puni d'un éclat d'obus, il tombe dans un fossé, et ne doit la vie qu'au prince de Ligne. Il mendie en Allemagne ; il demande son pain de porte en porte, comme un bohémien ou un cordelier ; il passe à crédit en Angleterre, y trouve une plume, écrit pour manger, se vêtir, se chauffer ; écrit contre les sots, les fourbes, les prêtres ; incrédule alors, fervent depuis, sceptique depuis ; passant de l'essai sur les révolutions à la fantasmagorie du Christianisme ; passant d'une certaine note sur le néant, que j'ai lue, de sa main, sur les marges d'un livret de la bibliothèque d'Aimé Martin, passant dis-je de cette note désespérée, à la vie de Rancé, la plus sublime des bouffonneries : *Montaigne écrivant de la Béotie en style de Platon et de Démocrite*. Il dédie son œuvre capitale au pouvoir consulaire qui pacifie et menace ; au pouvoir qui l'étonne ; à la gloire qui l'exalte ; il accepte de petites fonctions, rêve de grandes choses. Ami de Fontanes, il prend ses leçons et le passe de cent coudées. A Rome, il chante, il prie et se fait père de l'église, mais d'un air qui détermine Sa Sainteté à mettre à l'index les hymnes du pèlerin. Gentilhomme et catholique, par naissance et par goût, il est royaliste enraciné, mais pourtant homme et libre ; athlète combattant nu ; foyer de contradictions, acceptant toutes les chaînes, les brisant toutes ; semant les mots comme des perles, devant des pourceaux, des coqs, des colombes et des aigles. Faisant de l'or, comme Byron, pour ceux qui l'impriment et qui le vendent, mais lui (écoutez-le), sans le sou, sans le liard ; n'ayant que des embarras, que des dettes, et sûr de payer tout, d'avoir hôtel, voiture, et tout ce qu'il voudra, quand il voudra. *J'aurais été tout ce que j'aurais voulu*, c'est ce qu'il dit sous l'Empire et il dit vrai. Il aime à se raconter, et il fait bien, car il est d'une originalité inépuisable. C'est pour lui que saint Augustin s'écrie : *L'âme devient ce qu'elle aime !* Son âme ne souffre que le beau et le grand, voilà pourquoi elle est si grande et si belle ; il s'enlace à tout ce qui s'élève, voilà pourquoi il est si haut et si fier. Il rompt avec Bonaparte à l'assassinat du duc d'Enghien ; revient par lueurs et tout-à-coup s'enfuit. Il se brouille pour un article fait dans le *Mercure*, au profit des bannis, je veux dire des Bourbons, et l'empereur en sentit l'aiguillon jusqu'au vif. L'article était fait sur un livre de Laborde, qui ne faisait pas ses livres.

Qui ne faisait pas ses livres : C'est une phrase d'Alphonse Rabbe, que je cite pour la réfuter. Rabbe était Provençal, d'un aspect morne et sombre, d'une physionomie inquiète, mais d'un esprit délicat, abondant, d'une âme forte ; brave comme son épée et n'ayant que trop la manie de dégaîner. Chatouilleux, s'enflammant pour un geste et se faisant redouter de ses amis les plus chers. Au demeurant plein de franchise, de loyauté, de droiture, et ne péchant que par l'excès de ces qualités ; patriote, érudit, auteur d'histoires véhémentes et de biographies curieuses qui, pour ne rien céler, ont eu moins d'autorité que de vogue. Quand il disait : « J'ai fait le voyage d'Espagne, le voyage d'Autriche, les monuments chronologiques» il est évident qu'il exagérait et qu'il plaisantait. Qu'il y eût travaillé, qu'il y eût fait des pages, soit, à la bonne heure, je l'admets sans peine. Mais l'œuvre, le plan, les recherches, les dépenses, l'exécution générale et même les reliefs, les meilleurs traits, tout était de M. de Laborde, et c'était là ce qui lui avait valu les honneurs de l'Institut. Cette nomination, faite sciemment, répondait à mille insinuations qui n'avaient ni pieds ni pattes.

Alexandre de Laborde était frère des naufragés, compagnons de La Pérouse; il était fils du libéral banquier de Marie-Antoinette, élevé à Juilly, il servit en Autriche valeureusement contre la Pologne, et fut traité par Joseph II avec tendresse. Rentré en France à la révolution, il servit avec distinction pour la Pologne contre l'Autriche. Il aimait la gloire, mais il aimait encore plus la liberté. Oudinot qu'il rencontra sur nos frontières l'attacha pour toujours à la cocarde tricolore; il prit de lui des leçons de constance et d'héroïsme. Adorateur des arts, dès le berceau, il vécut entouré de livres, de chapiteaux, de lampes, de vignettes. Il essayait de tout, se mêlait à tout, publiait tout : économie, prisons, palais, culture, écoles, archéologie, législation, statistique. Il n'était étranger ni à lait ni à beurre, ni à bronze ni à marbre, ni à budget ni à chiffres. Il faisait des devis, des croquis ingénieux, des discours superbes. Il fondait ou encourageait de grandes entreprises; était à pied, à cheval, militaire ou civil; général d'insurrection à la suite de La Fayette, comme lui cher au peuple et à la garde nationale; faisant et défaisant les rois; conseiller d'État, préfet, journaliste intrépide, questeur obligeant, aide-de-camp dévoué, enfin propre à tout, prêt à tout, jamais las, jamais triste, ayant je ne sais quelle difficulté dans la main et dans la langue, mais écrivant et parlant jour et nuit, avec une chaleur et un entrain qui lui conquéraient tous les suffrages.

Il m'envoya chercher le 31 juillet 1830 à six heures du matin, rue de Grenelle, par un officier, M. de Beaumont, m'invitant à aller le trouver, sur-le-champ, à l'hôtel-de-ville. J'y courus, nous déjeûnâmes, à trente que nous étions là rassemblés, de tous les quartiers, de tous les uniformes; puis, derrière un paravent, nous tînmes conseil avec Abel de Pujol, Rouget, Blondel et d'autres, sur les travaux de peinture qu'on commanderait tout de suite, pour consacrer sur la toile les événements qui venaient de se passer. L'édile improvisé ne perdait pas une minute; il avait un ressort toujours tendu, un zèle prodigieux; et s'il y a un autre monde, charpenté comme le nôtre, je ne doute pas qu'il n'y soit déjà fort occupé à créer, à décrire, à creuser des égouts, à bâtir des opéras, car tout lui est bon, pourvu qu'il fasse, qu'il marche et qu'il invente. L'homme est exceptionnel comme le panégyrique. Certes, M. le baron Taylor a bien de l'ardeur; mais il ne va pas à la cheville de M. de Laborde. Celui-ci, un jour, vint à mon bureau et apercevant sur ma table un cahier de notes, il le prit, me l'emprunta, promettant de me le rendre au bout de la semaine. Toutes mes attributions y étaient classées par ordre, et à chaque ligne j'avais inscrit des observations très développées sur les frais, la situation, le personnel, les mesures à provoquer, les abus à détruire. C'était le fruit d'une expérience de dix années. Un mois se passa, et quelle ne dut pas être ma surprise de voir au bout de ce temps, mon emprunteur arriver tranquillement avec une brochure dont il m'offrit un exemplaire, et qu'il avait fait imprimer sur tous les établissements d'arts du royaume : monuments, jardins, bibliothèques, musées.

» — Comment, lui dis-je, mes documents précis encadrés de vos » réflexions? C'est bien de l'honneur! Vous êtes preste, Monsieur le » comte, et il ne faut que vous en montrer.

» — Ah! mon cher ami, le Roi est enchanté, le ministre est » enchanté, et sous peu, j'aurai une direction dont vous serez, je » vous jure, le secrétaire-général.

» — Merci; je déteste, à parler net, les rouages multipliés et les » intermédiaires. Je n'ai jamais pu souffrir les commissions, les bran- » ches gourmandes, je me trouve à merveille de mon travail direct » avec le ministre, et, si vous voulez bien, pour me fouetter, je ne » vous donnerai plus de verges. »

Nous étions, lui sans aigreur, moi sans rancune, et sous le comte Siméon, en 1821, lorsque je fis décider qu'une *Description de la France* serait faite à l'instar de la Description de l'Egypte, qui désignai-je pour directeur de l'ouvrage? M. de Laborde! Treuttel et Wurtz étaient nos libraires. Où en est ce projet? M. Siméon est mort, M. de Laborde est mort, et si je ne suis pas mort aussi je n'en vaux guères mieux. Mais le ministère vit, et comment ne donne-t-il pas cours à une opération si productive, si attrayante et si facile?

Après ce détour, je reviens. Je reviens au noble auteur de tant d'écrits divers qui jamais ne périront. C'est l'écrivain par excellence. Il l'est à mes yeux plus que chrétien, que mari, que diplomate et que ministre. Il est effrayé lui-même des rames de papier qu'il a couvertes d'encre, ou mieux, de pensées! Que de faits, que d'efforts, que de paroles élégantes ou de maximes sévères! Il y a des fragments qui valent des volumes! Partout des vues, des éclairs, des prismes : je les prends à brassée et vous les jette à Londres comme des bombes. Relisez, relisez vous-même ces tomes, ces trésors. La moisson est trop riche et je suis étouffé dessous. C'est un malheur affreux, un regret impuissant, un deuil éternel que cet éloignement invincible du vicomte pour l'empereur et de l'empereur pour le vicomte. Ils avaient constamment l'œil l'un sur l'autre. Roi de la terre, roi de l'espace, ils se toisaient, s'appelaient et ne pouvaient se souffrir. Leurs génies s'attiraient, mais comme deux nuages pleins de feu : dès qu'il y avait contact, il y avait choc, il y avait foudre. Ils allaient, ils allaient, sans savoir ce qu'ils voulaient. Trois fois ils se virent et l'on crut qu'ils se liaient. Ils causaient du passé, ils causaient de l'avenir ; ils se faisaient des avances, ils se faisaient des caresses, puis à un tic, à un mouvement soudain, il fallait se battre ou se séparer avec outrages.

J'ai parlé de la *Dédicace*, et je veux dire à ce sujet quelque chose d'angevin qui vous fera rire : Le 11 du mois de novembre 1842, un de nos poètes candides expédia par le *Courrier* à M. de Châteaubriand la prose dont une indiscrétion me met à même de vous donner copie :

« Monsieur le vicomte, avant hier, M. Daniélo, votre secrétaire, est passé par Angers. Arrivé à 8 heures du soir, il est reparti le lendemain à 5 heures du matin, et précisément, cette nuit là, j'étais à la campagne. Ma peine a été grande de ne pas le voir, car j'aurais eu par lui de vos nouvelles positives, et c'eût été pour moi un vrai bonheur. Dites-lui de m'écrire, je vous en prie, et de me rendre ainsi ce que j'ai involontairement perdu par mon absence, quoique si courte.

» Dans les lettres que vous m'écrivez ou plutôt que vous dictez pour moi, vous vous plaignez de la goutte et de la fièvre et de mille maux divers que je déplore, ajoutant que vous allez vous éteindre et mourir. Mais il n'en est rien, grâce à Dieu ; vous vivez, vous brillez, vous brûlez toujours de cette flamme qui rayonne, se ranime, éclate et que nous savons tous être immortelle.

» Un prêtre, un chanoine de Saint-Maurice est venu me voir et me faire une confidence ; il était ami de Msr Montault, l'évêque mort il y a trois ans. Or, ce prélat excellent et révéré, sacré en 1801, était un admirateur déterminé de Bonaparte. Il avait recueilli depuis 50 ans, tout ce qui s'était imprimé sur le général, sur le consul, sur l'empereur. Sa collection est restée à l'évêché, et le prêtre zélé qui lui survit en fait des extraits, cherchant, savez-vous quoi ? les signes, aveux et témoignages des sentiments religieux de Napoléon. Il a déjà quatre cents pages d'écrites, et il va toujours feuilletant, fouillant et transcrivant. A la fin, cela ne laissera pas de faire un volume très singulier.

» La visite qu'il m'a faite avait pour objet de me parler de vous, Monsieur le vicomte. Il vous a lu et relu d'un bout à l'autre ; il cite vos livres, vos chapitres, vos pages ; il vous suit pas à pas dans toutes vos œuvres et il voit, dit-il, que depuis 1830, vos idées sur Napoléon se sont étonnemment modifiées. Vous avez expliqué votre brochure célèbre du 4 avril 1814 et tout ce que vous avez écrit et publié depuis tend à refaire, en Europe et dans le siècle, à l'exilé de Sainte-Hélène, la place et la part qui lui sont dues.

» je vous rapporte loyalement les remarques du chanoine ; mais il y a une préface ou dédicace d'une edition de 1803 du *Génie du Christianisme*, qui ne se retrouve plus dans les éditions nouvelles, dans celles du moins qui sont en Anjou, à l'évêché. Mon vieux prêtre s'en tourmente; il voudrait avoir cette pièce pour la mettre dans son recueil, car il a copié ce qu'en dit Bourrienne, et il voit là des preuves sérieuses pour son système du penchant religieux si prononcé dans Bonaparte.

» Cette préface, on la trouverait facilement à Paris. On peut y écrire; mais je préfère vous la demander à vous, Monsieur le vicomte, m'imaginant bien que si vous consentez à l'envoyer, vous y joindrez de notables commentaires.

» Vous connaissez le sujet, vous jugez le motif; il y a là de l'importance. Le point de vue sous lequel on considère l'empereur est neuf non moins que piquant. Votre opinion, vos notes seraient d'un haut prix, parlez, répondez, ne nous remettez pas à vos Mémoires. Voilà nos vœux, nos espérances qui se mêlent de craintes. Si la question vous est importune, vous la laisserez, hélas! sans solution, et nous perdrons des pages intéressantes. Si elle vous paraissait comme à moi naturelle, vous m'écririez avec votre bienveillance accoutumée et je transmettrais votre lettre au dévot annaliste dont je me suis fait volontiers l'interprète.

» Agréez l'hommage de mon profond respect.

» JOB DE MORANNES. »

Réponse.

» Je touche au terme de ma vie, Monsieur. Je suis malade, char-
» gé d'années, et je ne m'occupe plus de rien. Après moi, je vivrai
» ou ne vivrai pas, peu m'importe, pourvu que je meure chrétien
» et que Dieu me reçoive dans sa miséricorde.

» Agréez, Monsieur, je vous prie, avec tous mes regrets,
» l'assurance de ma considération très distinguée.

» CHATEAUBRIAND. »

Paris, 30 novembre 1842.

C'était tout bonnement une fin de non recevoir. Le chanoine vint me conter sa déconvenue, et je n'eus pas de peine à lui découvrir la dédicace qu'il avait tant à cœur de joindre à ses analectes.

Le génie du christianisme se rattachait trop bien aux projets de Napoléon, pour qu'il n'y fît pas fête. Le clergé regardait dès le principe ce livre comme très peu orthodoxe. Les scrupuleux étaient formalisés de ne voir considérer la Bible, l'Évangile, les rites, les litanies que comme des formes heureuses de langue et de poésie. Mais on passait l'éponge sur le danger et le tort; on tolérait un temps ce qu'on châtîerait plus tard; on voulait ramener au bercail une race débauchée; on voulait par toutes les armes réduire l'impiété; on voulait prendre les âmes par leurs faiblesses mêmes, et l'on se prêta au succès de l'auteur, près du *lion radouci* qui donnait le concordat, qui distribuait les mitres, relevait les autels, et mettait au budget une ligne sacrée.

Bonaparte ainsi donc, s'étant servi du livre, y pensait sans cesse, et lors du rapport sur les prix décennaux, il fut surpris de ne l'y pas voir figurer. « Quoi! pas de Châteaubriand, c'est un déni de » justice. » Aussitôt le ministre assemble une commission, on délibéra un soir, et le lendemain une proposition de prix (un prix de première classe) est porté aux Tuileries. L'empereur fut choqué de cette maladresse : « Je fais donc tout, j'ordonne donc tout, il » n'y a donc de génie que celui que je crée, de récompense que » celle que j'autorise. »

Il fallait lui répondre : *oui, sire.*

Mais on ne l'osa pas, on se retira, on se tut, on ne passa pas outre. Les prix décennaux avaient été fondés en l'an 12, un décret de 1809 en avait accru le nombre, ils devaient être distribués pour la première fois le 9 novembre 1810, pour la seconde le 9 novembre 1819, au jour anniversaire du 18 brumaire! Les médailles d'or étaient frappées; mais on ne donna rien, et la faute en fut, en grande partie, à la gaucherie faite pour l'œuvre du vicomte.

Une correspondance avait eu lieu entre lui et le ministre. Le vicomte voulait savoir quelle était la solution; il y tenait. Mais que lui dire? on ne savait, rien n'était expliqué. L'empereur avait de l'humeur, on le voyait, c'était tout, on ne l'interrogeait pas. Cet imbroglio finit par une lettre évasive qui sortit du cabinet de M. de Montalivet, et par la réponse un peu piquée qu'y fit M. le vicomte.

« Monseigneur,
» J'ai reçu la lettre que vous avez bien voulu m'adresser en ré-
» ponse à celle que j'avais eu l'honneur de vous écrire. On m'avait
» dit que l'affaire dont j'ai pris la liberté d'entretenir Votre Excel-
» lence était, sous quelques rapports soumise à votre ministère. Je
» vois à présent, Monseigneur, que j'avais été trompé. Il ne me
» reste plus qu'à vous demander pardon de mon importunité, et à
» me dire avec reconnaissance et respect,

» Monseigneur,
» de Votre Excellence,
» le très humble et très obéissant serviteur,

» DE CHATEAUBRIAND.
» Ce 19 juillet 1810. »

J'ai eu, dans un tiroir, les médailles d'or d'un diamètre de trois pouces, avec l'effigie de Napoléon et qui devaient par lui, en grande solennité, être décernées aux lauréats. En 1818, je les remis à *Charles Lafolie*, qui les fit fondre, et qui acheta avec le produit, des bustes pour les musées : un buste de Châteaubriand par notre David, un buste de Bernardin de Saint-Pierre d'après Chardigny, pour le Hâvre, un buste de Jeanne d'Arc pour Domremy, par Legendre Héral de Lyon; un buste de Clémence Isaure par Mlle Charpentier, pour Toulouse; et dix autres bustes pour autant de villes.

Trois des médailles furent remises, l'une à Louis XVIII, l'autre à M. Lainé, ministre, la troisième au cabinet de la Bibliothèque-Richelieu, où les amateurs vont la demander à Dumersan, et la voir sous les cadres.

Le penchant de l'empereur pour le *Génie du Christianisme* fit que promptement on poussa au fauteuil l'auteur de ce que Morellet, Daunou, Jouy, Raynouard n'appelaient pas autrement que la *mythologie chrétienne*. Ce fut une intrigue clérico-gouvernementale. Régnault de Saint-Jean d'Angély s'y enfonça jusqu'au cou, se persuadant que par là il servait à la fois l'écrivain et le monarque, et ne se doutant pas (tout rusé qu'il était, tout habile courtisan qu'il passait pour être) qu'il y eût là de contre-mine qui le dût faire sauter et couvrir de terre.

Cela exige des éclaircissements. En dehors du château, à côté du pouvoir, sans le heurter, mais sans le suivre, en cette matière du moins; en dehors des sacristies et des fabriques, et dans l'intimité des causeries voltairiennes, il y avait les fidèles, les révolutionnaires, les ligueurs du progrès, qui s'opposaient en secret, mais fortement au succès de l'élection, au triomphe du nouveau membre. Ne pouvant l'éviter, il fallait le renverser; à défaut de loyauté, pour le moment impraticable, on usait de rouerie. Le but justifiait les moyens. On jura de nommer pour mieux vaincre. Le fauteuil fut un piège, et l'on força le récipiendaire à se découvrir de telle sorte que sa faveur naissante, sa conversion apparente dût se changer en une rupture et une chute qui lui *casseraient le nez*. Je dis les mots et les faits; on peut m'en croire.

Les prévisions se réalisèrent; on attendit exprès une bonne vacance. La place à donner était celle de Chénier, un régicide! on y appelait un émigré! L'élu devait au public l'éloge du mort, c'était la règle. Mais sourd à tous les vœux, et comme pris de vertige, au lieu de s'y résoudre il cria : *Anathème !* Les voûtes du ciel en retentirent, et de là un scandale qui ébranla l'Empire, et que les clairvoyants regardèrent comme une calamité, comme un signal !

Ceux qui empoisonnent tout, et qui aux actions de l'homme cherchent toujours des causes non avouées, ceux-là voulurent

trouver de vilaines raisons à la haine de l'élu pour Chénier. « Il
» procède, disaient-ils, comme saint Jean Chrysostôme, par les
» imprécations et les orages ; il poursuit à outrance de ses malédic-
» tions, les imprudents qui lui disputent le patriarchat littéraire,
» l'omnipotence ! »

Chénier avait fait un tableau historique des œuvres du siècle, et
dans ce rapport, à différents endroits, il avait apprécié d'un ton
railleur, le tour d'esprit, le mérite et les écrits de M. de Châteaubriand. Il faisait d'Atala une mention courte.

« Ce petit roman, disait-il, a fait du bruit, il est singulier pour
» la conception, pour la marche et pour le style ; il exige donc un
» article détaillé. Un sauvage américain de la tribu des Natchez a
» quitté son pays pour venir en France. Après avoir été galérien à
» Marseille, il s'est transporté à la cour de Louis XIV ; il y a vu
» les tragédies de Racine ; il a été l'hôte de Fénélon. De retour en
» Amérique, il y vieillit tranquille, et c'est à l'âge de soixante et
» treize ans qu'il raconte une aventure de sa jeunesse à René l'eu-
» ropéen, qui vient s'établir chez les sauvages. »

Après cet exorde, Chénier analyse le roman ; il en fait ressortir
le mécanisme, le néologisme, l'excentrisme (ô quel mot me vient
là !) et puis il couronne cette terrible étude par une conclusion plus
terrible encore : fable incohérente, événements vulgaires en dépit
des formes bizarres ; point de nœud, rien de motivé ; affectation
marquée d'imiter l'auteur de *Paul et Virginie* : « Mais pour lui res-
» sembler, il faudrait comme lui décrire et peindre. Des noms accu-
» mulés de fleuves, d'animaux, d'arbres, de plantes, ne sont pas
» des descriptions, des couleurs jetées pêle-mêle ne forment pas
» des tableaux. M. de Châteaubriand suit la poétique extraordinaire
» qu'il a développée dans son *Génie du Christianisme*. Un jour sans
» doute, on pourra juger ses compositions et son style d'après les
» principes de cette poétique nouvelle, qui ne saurait manquer
» d'être adoptée en France du moment qu'on y sera convenu d'ou-
» blier complétement la langue et les ouvrages classiques. »

Oui, mon cher Étienne, on prétendit que ces rudes paroles
avaient dicté le jugement de l'élu de l'Institut sur son prédécesseur ;
on prétendit qu'un impromptu satirique qui se glissait à l'oreille
dans tout Paris.... Mais je m'arrête, qu'elle idée ! quelle calomnie !
il y avait en lui, dans l'auteur de tant de pages, que les femmes, les
jeunes gens, les censeurs mêmes s'arrachaient, il y avait, dis-je, bien
d'autres sentiments que ceux qu'injurieusement on lui prêtait ; il y
avait des convictions enracinées qui avaient fait jaillir comme d'une
source étincelante, sa grande déclaration sybillique. Il y avait tout
un quart de siècle à condamner, tout un pouvoir à ressaisir, tout
un édifice démoli à reconstruire. L'empereur, lui, ne s'y trompa

point : « Où je cherche un ami , je trouve un ennemi ! » Ce fut le cri
de sa colère. Le discours de réception de M. de Châteaubriand,
mûri , élaboré, dans la nuit, dans le silence, avait été porté à l'Institut. On l'avait mis aux voix, et la majorité s'était prononcée
contre ; Regnault de Saint Jean d'Angély vota *pour*. L'empereur en
fut consterné et furieux. « Quoi , dit-il, vous, Regnault, vous,
» ministre d'État, vous que j'ai placé près de moi, qui savez tout,
» mon point de départ, mes plans, ma politique, vous êtes pour un
» diatribe qui attaque tout, ronge tout, passe toute limite! je ne
» défends pas Chénier, ce n'est pas à lui qu'on vise, c'est à moi ;
» c'est au trône qu'on en veut, ce trône où je suis assis par néces-
» sité, par la loi du destin, pour le bien de la France, par la voix
» du peuple! Sommes-nous des voleurs? voyez comme on nous
» traite! Suis-je un usurpateur, parlez, dites? J'ai trouvé le dia-
» dême dans le ruisseau, je l'ai mis sur ma tête par une force ac-
» quise au prix du sang des troupes, par une mission , un dévoue-
» ment , un devoir! ah! si je perdais le pouvoir que je tiens de ma
» patrie et pour elle; s'il m'était arraché par des factieux, des
» émigrés , des traîtres; que serais-tu , ô mon pays? Une arène où
» demain , à l'instant même se précipiteraient derechef les égor-
» geurs! mais je vis, je ne céderai pas! allez, allez, Monsieur, et
» redites à l'Institut que l'État a en moi un tuteur qui le sauve! »

Regnault présidait au conseil la section de l'Intérieur. Il voulait
être ministre. Il sapait en dessous M. de Montalivet. Il était à la
veille de lui ravir le portefeuille. Mais l'affaire du discours rompit
ses mesures, et le seul vote libre qu'il eût peut-être émis dans toute
sa carrière, l'empêcha pour toujours de monter au faîte.

En 1812 , Poisson fut nommé à la 1re classe, Alexandre Duval à
la 2e, Bernardi à la 3e , Gérard à la 4e.

En 1813 , la 1re classe élut Poinsot; la 2e Michaud et Campenon ;
la 3e Boissonnade , de Laborde , Walkenaer ; la 4e Monsigny. Je ne
dis pas les titres de tous les immortels , ils sont connus de vous, je
pense! Michaud était là pour *son treizième chant de l'Enéide*. La
plus grande flagornerie du siècle, j'en ferai l'histoire à part, ap-
puyée de pièces authentiques. Quant à M. de Walkenaer , l'empereur disait de ses travaux d'érudition : « Ils sont non moins profonds
» que ceux de Fréret, non moins ingénieux que ceux d'Érasme. »

Si l'Institut tenait à être *présenté*, l'empereur, de son côté, aimait fort à le voir s'empresser à ses grands jours de réception.
C'était entr'eux, assaut de coquetterie et de prévenances.

Napoléon était ombrageux, et quand il manquait à ses audiences
solennelles , ou un corps ou un personnage qui aurait dû y être, il
s'en apercevait aussitôt , et s'en plaignait.

En novembre 1813, il y eut une présentation générale, tous les corps se succédèrent au pied du trône. L'Institut n'y avait pas envoyé son bureau. L'empereur s'approcha de Cuvier, qui était dans les rangs du conseil d'État, et lui dit séchement : « Pourquoi l'Institut n'est-il pas aux Tuileries ? »

Cuvier interdit ne sut que répondre, et se retira confus. Le fait est qu'il n'y avait rien de grave. Le ministre n'avait pas été prévenu à temps, et les lenteurs forcées de la hiérarchie, les formalités, les filières, avaient été les seules et uniques causes de l'absence bien involontaire de ce corps savant.

Les affaires s'embrouillaient, l'Europe était en feu, la France en alarmes. On murmurait, l'ennemi s'avançait, il était aux frontières. L'empereur craignait la dissolution et le relâchement. La rébellion du corps legislatif n'était pas loin, Napoléon en flairait les approches, il avait peur que l'Institut ne se mît aussi de l'opposition, et c'était pour cela que ne le voyant pas à son poste, un pareil jour, il avait demandé de ses nouvelles.

Mais la défiance était sans nul fondement. L'Institut devait beaucoup à l'empereur, et le payait largement d'hommages et de gratitudes. Il en aimait le règne, l'éclat, les faveurs ; s'il n'avait pas paru à l'heure fixe au château, c'était à son grand regret. Toutes les classes avaient demandé audience, et le retard ne tenait qu'à des motifs légers, des causes fortuites, qui n'avaient rien de commun avec la politique. La preuve en serait au besoin dans ce qui suit :

Institut de France.

Le secrétaire général du trimestre, à S. E. le ministre de l'Intérieur, comte de l'Empire.

« Monsieur le comte,

» Le mardi 26 du courant, je fis porter à votre hôtel par un garçon de bureau, une lettre par laquelle M. le président de l'Institut priait Votre Excellence de vouloir bien prendre les ordres de S. M. l'empereur et roi, pour savoir s'il lui serait agréable d'admettre ce corps, ou une députation, à l'honneur de présenter les volumes de mémoires, qui ont été publiés dans le cours de l'année, et qui sont :

» 1º Le volume du 1er semestre de 1811 pour la première classe.

» 2º Le deuxième volume des Savants étrangers pour la même classe.

» 3º Le neuvième volume des Notices et extraits des manuscrits, pour la troisième classe.

» 4º Le seizième volume des Historiens, par M. Brial.

» 5° Le seizième volume des *Ordonnances des rois*, par M. de Pas-
toret.

» Ni M. le président ni moi n'avons reçu de réponse de Votre
Excellence, le corps n'a point dû se présenter. Cependant Sa Majesté
daigna demander dimanche, pourquoi l'Institut n'était pas au palais.

» J'ai donc l'honneur de vous réitérer, M. le comte, au nom de
M. le président et des bureaux de l'Institut, la prière que j'adressai
à Votre Excellence le 16, vous faisant observer qu'il faut deux jours
pour avertir tous les membres.

» Je prie Votre Excellence d'agréer mes hommages respectueux.

» JOACHIM LEBRETON. »

J'ai vu, mon ami, sous la Restauration et depuis même, j'ai vu,
dis-je, des académiciens qui voulaient faire croire que l'Institut
avait pris une attitude hostile et montré de la résistance aux vo-
lontés de l'empereur.

Sornettes que tout cela, n'y croyez point. L'Institut ne fit pas autrement que le sénat, il obéit. Qu'il y eût de l'aigreur chez plus
d'un membre, ou savant, ou philosophe ou artiste, nul doute à
cela ; qu'il y eût des poëtes ennemis, un ou deux, et des érudits
récalcitrants en pareil nombre, c'est ce que d'aucune façon je ne
nie, mais ce que j'affirme, c'est que le corps en masse, que je ne veux
pas dire qui fut à genoux, se montrait bien docile, bien dévoué à
l'empereur, secondant ses actes, chantant ses louanges, chantant la
guerre, la paix, le mariage, chantant sur toutes les gammes, dan-
sant devant le char, et ne mettant pas (Dieu me damne) de bâtons
dans les roues.

Je ne médis pas, je raconte, et de tant d'hommes, cher Étienne,
dont je vous ai dit les noms, et de tous les membres de l'Institut,
nommés sous Bonaparte, combien en reste-t-il à l'heure où j'écris ?
quinze !

Membres des quatre classes nommés,

1° SOUS LE CONSULAT.

M. Quatremère de Quincy,	élu en 1803.
M. Biot,	1803.

2° SOUS L'EMPIRE.

M. Gay Lussac,	1806.
M. Silvestre,	1806.
M. de Mirbel,	1808.
M. Arago,	1809.
M. Thénard,	1810.

M. Beautemps Beaupré,	1810.
M. de Châteaubriand,	1811.
M. Lacretelle jeune.	1811.
M. Fontaine,	1811.
M. Boissonnade,	1813.
M. de Walkenaer,	1813.
M. Poinsot,	1813.

3° ASSOCIÉ ÉTRANGER.

M. Alexandre de Humboldt,	1810.

Le nom de M. de Humboldt me ramène à mon séjour à la Haye. Ce savant, après de si longs, de si beaux voyages dans les deux Amériques, avec Aimé Bompland, était de retour en Europe ; il préparait à Paris la publication de ses récits. qui firent une si grande sensation ; on parlait de lui à Bruxelles, à Rotterdam, à Amsterdam, et à la cour du roi Louis-Napoléon. Croiriez-vous que l'estime qu'on lui portait pût influer sur la petite fortune de mon vaudeville? Rien n'est plus bizarre, et pourtant rien n'est plus vrai. M. de Humboldt avait promis de passer par la Hollande en s'en allant à Berlin, et le bourguemestre de la Haye, et le gouverneur de la province, par une susceptibilité qui me paraissait bien outrée, ne voulaient pas autoriser la représentation de ma pièce, pourquoi? à cause de son titre : *Sans adieu, ou les Français en Prusse ;* à cause du sujet : une aventure arrivée à Kœnisberg, où un décoré de l'aigle noir se voyait enlever sa maîtresse par un officier de notre avant-garde.

Toute censure est tracassière, mais celle-là pour le coup était absurde, je soulevai contre elle la lectrice de la reine, j'aiguillonnai le directeur du théâtre, et je ne m'endormis pas que je n'eusse fait lever l'embargo. Il y avait aux portes de la ville un camp de deux mille Français, et ce fut à quatre sous-officiers qu'un général mit à ma disposition, que je dictai, en cinq ou six heures, d'abord l'ensemble de ma comédie, mêlée de flons flons, et puis chacun des rôles, avec les repliques. L'intrigue, je l'ai oubliée, mais j'ai retenu trois couplets que je vous envoie; chantez le premier sur l'air : *Mon père était pot* :

> Dans nos rangs on retrouve encor
> Tous les héros d'Homère,
> C'est Ajax, Ulysse, Nestor,
> Qu'admire encor la terre.
> Notre Agamemnon,
> C'est Napoléon,
> Qu'on distingue entre mille ;
> Toujours en avant,
> Toujours combattant,
> Murat est notre Achille.

Les fins courtisans auraient voulu que j'unisse Achille et Agamemnon sur la tête de l'empereur, ils se rassurèrent au second couplet, que j'avais mis dans la bouche d'un capitaine de hussards, sur l'air de *l'opéra comique* :

> Napoléon, ton nom sacré,
> Rappelle honneur, vertu, victoire ;
> En vain pour t'être comparé,
> On cherche un héros dans l'histoire,
> Titus faisait chérir ses lois,
> Saxe renversait des murailles,
> Napoléon gagne à la fois
>   Des cœurs et des batailles.

C'était le temps, non pas de la réflexion et de la philosophie boudeuse, ou si vous l'aimez mieux, le temps de la défection ; c'était le temps de l'illusion et de *l'ivresse*, j'avais vingt ans, je voulais plaire aux soldats, je mettais en bruyants refrains ce que tout le monde éprouvait alors, et j'en fus payé par des bravos partis de tous les côtés de la salle.

Le troisième échantillon est d'un tour différent : Il s'adressait aux femmes, et le jeune sous-lieutenant qui se faisait mon interprète fut accueilli par des saluts de la main et de l'éventail quand il débita, moitié parlant, moitié chantant, les vers anodins que vous allez lire :

> Je suis et l'esclave et l'amant
> D'un sexe que parfois j'outrage,
> J'ai le cœur tendre, l'air méchant,
> Je parle en fou, je pense en sage ;
> Je sais qu'un geste, un mot hélas !
> Peut déshonorer une femme,
> Dix madrigaux ne ferment pas,
> La blessure d'une épigramme.

L'actrice Lobé jouait mon principal rôle, elle chantait comme a chanté depuis Damoreau-Cinti ou Pasta. La reine lui envoya dans sa loge, un collier d'émeraudes. Je dînai *au Bois*, qui était le château du roi. Une parade, (car en honneur ma pièce ne méritait pas un autre nom), me valut plus qu'une tragédie lyrique. On voulait me retenir en Hollande ; mais *la France me rappelait*, Paris m'attirait, et je ne tardai pas à repasser la Meuse, la Dyle, la Somme, et à venir me retremper dans les douces eaux de la Seine.

Si je vous ai ennuyé, pardonnez-moi, pardonnez à un censeur qui ne fait grâce à personne ; excusez ce rêveur qui, tout affligé que vous êtes, séparé par un mur des rayons du soleil, vous prend aux cheveux et vous entraîne, pieds et poings dans tous ses replis, ses chemins, ses labyrinthes.

Vous voyez de l'âme, vous sentez vivement, vous êtes présent à tout par l'effort de la pensée; rien ne vous échappe, ni les labeurs des peuples, ni les digues des grands, ni les évolutions d'idées, ni ce courant, ce flot, qui du levant au couchant et de l'équateur au pôle, porte les sociétés aux transformations fondamentales.

L'ironique prophétie de Chénier a été prise au sérieux; elle s'est accomplie. Les classiques ont fléchi, le goût s'est modifié; des concessions de toutes parts ont été faites; Chénier n'a rien perdu, il a grandi, Labitte avant de mourir l'a remis dans l'opinion, et pour moi je l'ai relu avec un charme extrême. Mais son rival, mais le noble vicomte, mais ce Châteaubriand, dont il lacérait les premières feuilles, s'est élevé bien haut dans les dernières; à lui aussi l'exil a été bon; qu'il y a puisé de force, et qu'il est revenu de Syrie plein d'éclat et de verve! Vous le dirai-je, cher Étienne, ce que je mets au-dessus de tout dans les œuvres de ce grand homme, (je parle de lui comme s'il n'était plus!) c'est son *Itinéraire*, je le préfère aux *Martyrs*, qui en sont sortis. J'aime mieux la réalité que la fiction, et j'embrasse plus étroitement le poète voyageur que ses apôtres.

Chénier n'avait lu que les romans qui suaient le Werther; il n'avait lu que les rogations, les lithurgies enluminées, les jérémiades; il n'avait pas vu les invasions, les combats à mort, la polémique de fiel, et c'était là pourtant que la plume du celte, du preux de Saint-Mâlo, devait se montrer vigoureuse et âpre. La langue, par ces écrits de passion qui remuèrent l'Europe, eut de la couleur sans perdre de sa clarté; elle fut hardie sans cesser d'être pure, et notez-le, cher Étienne, je loue ce que je blâme; je loue le style, et blâme l'inspiration. J'ai en vue ce pamphlet virulent qui courut Paris sous ce titre incendiaire: *Bonaparte et les Bourbons*. Les Mame l'imprimaient; les Mame étaient d'Angers, j'allai chez eux, tout de suite, rue du Pot de fer :

« — Que faites vous, leur dis-je? qui? vous dont le père fut le chef de la presse dans nos provinces; qui lançait ses *affiches* au front des royalistes; vous qui servîtes chaudement dans les armées de la Convention, c'est vous....

» — Je vous interromps; c'est nous qui imprimions *Dix ans d'exil* quand il fut mis au pilon par la police de Fouché; c'est nous que Bonaparte eût réduits à la besace par son inquisition, sa tyrannie; eh bien! nous nous vengeons!

» — Et vous battez un homme à terre! oh! quelle....

» — Lâcheté, n'est-ce pas? le mot est sur vos lèvres.

» — Mais....

» — Rassurez-vous, ami, il n'y a point ici de lâches, descendez, suivez-nous. »

Les Mame me firent passer par un escalier dérobé, et je vis dans une cour obscure, une chaise de poste attelée de trois chevaux :

« — Voilà notre situation. L'empereur était cette nuit même à Villejuif. Les alliés tremblaient, l'auteur du livre était en alerte ; dix fois pendant l'impression, il nous a repris, rendu, repris et rendu encore le manuscrit. Dix fois nous avons été, Minor et moi, (c'était l'aîné qui parlait), menacés du poignard et du sabre. Si la chance tourne un jour, ce soir, demain, il nous faut tout quitter et passer le Rhin. C'est un jeu, à croix ou pile ; nous risquons notre cou, tout aussi bien que celui qui écrit et qui signe. Notre cause, après tout, est celle de l'Europe, est celle de la France épuisée, est celle des mères ; tout est en deuil et en larmes. Bonaparte abusa de tout, il est temps qu'il finisse, et nous le poussons dehors, mais il est là, il règne, il a des troupes, et qui se frotte à lui en cette position même désespérée, n'est pas un lâche ! »

Cette agitation dura sept jours, et ce ne fut que le onze avril, après l'abdication, que les auteur, imprimeur, éditeur du manifeste purent clore l'œil.

Adieu, mon cher ami.

F. CRILLE.

Le 1er février 1847.

FIN.

Angers. Impr. de Cosnier et Lachèse. — 1847.